CSR Supply Chain Management
グローバルCSR調達

サプライチェーンマネジメントと企業の社会的責任

藤井敏彦／海野みづえ【編著】

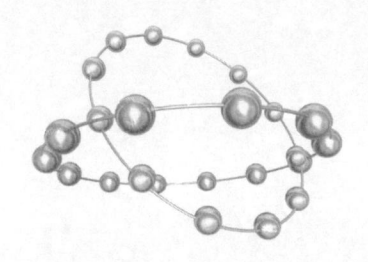

日科技連出版社

グローバル CSR 調達

サプライチェーンマネジメントと企業の社会的責任

まえがき

　CSR 調達との最初の接点は、2002 年春、日本機械輸出組合ブラッセル事務所で会員企業の方から受けた相談だった。顧客からサプライチェーンに児童労働がないことを誓約する書類に署名を求められたが、どう対応したものかという内容だった。各社情報を持ち寄ってみると同様の動きは予想以上に広がっていることがわかった。機会をとらえて情報収集することにした。
　私の知る限り、当時は誓約書を机に仕舞い込んだままにしておいてもビジネスが止まることはなかった。むしろ心配だったのは日系企業のヨーロッパ本社が事態を把握していないことだった。多くの場合、営業の現場が一存で誓約書に署名をしていた。調達企業からアジアの工場に監査に入るという知らせを受けてはじめて事態を知るということもあった。
　親しくしていたアメリカ企業の責任者は同社が CSR 調達に乗り出すことを事前に教えてくれたが、理由を聞く私にこう答えた。「もちろん企業理念もあるけど、正直に言えば○○社（ヨーロッパ企業）から『（CSR 調達を）やらないと買わない』と言われたんだよ。それが直接のきっかけ」。少なくともアメリカの本社はヨーロッパの状況に敏感に反応していた。
　CSR 調達を迫ったヨーロッパ企業にも、また、迫られて CSR 調達に着手したアメリカ企業にも多数の日本企業が製品、部品を納入していた。日本企業は CSR 調達のうねりに飲み込まれつつあった。
　同時期、日本で CSR 調達について語る機会が何度かあったが、哲学的論議になることはあっても、産業界にはビジネス上差し迫った問題という感覚はまだなかった。ヨーロッパで破竹の勢いの韓国勢も似たような状況のようだった。ロビイスト仲間の韓国メーカーのフランス人部長はこう語った。「環境に注力するのが韓国本社の方針。人権問題はまだブランドリスクだと考えていない」。声のトーンを一段落として「ヨーロッパの事情を韓国本社のスタッフに理解し

てもらうのは大変だよ」と漏らした彼の表情が印象に残っている。

　かく言う筆者自身も認識不足を痛感させられることになる。ISOでの社会的責任規格の策定に発展途上国がこぞって賛成するとは予想していなかった。途上国の政府や産業界が統一基準を求めるほど、すでに多くの企業がCSR調達を実施していたのだ。確かに、企業ごとにばらばらの行動規範に煩わされるサプライヤーの立場から見れば、ISO規格はまた別の姿で見えたはずだった。

　2005年、東京千駄ヶ谷の日科技連出版社会議室、前著でお世話になった清水さん、木村さんから新企画の相談を受けたことは渡りに船だった。CSR調達が日本でも本格化するのは時間の問題だと思っていた。見通しはあながち的外れではなかったようで、執筆の間にも問い合わせが増え、ステークホルダー会合やセミナーなどでもCSR調達が取り上げられることが多くなった。欧米企業を震撼させてきたアンチグローバリゼーションの波が10年を経てついに日本企業の行動に直接的な影響を及ぼしはじめている。

　サプライヤーの労働環境から資源管理の問題に至る広範な領域に光を当てるために、最も重視したことは執筆陣の構成である。共同編著者として海野みづえ氏、さらに各界から望み得る最高の執筆陣を迎えることができた。ぜひ、252～253ページの執筆者一覧をご覧いただきたい。日本企業、外国企業、NGO、監査組織、さらに政府、国際機関等の多様なプレイヤーが何を考え、どのように行動しているのか。すべきなのか。編集作業は海野氏とすべての草稿について徹底的に議論しながら進めた。問題の深さを描き出しつつも、同時に実用的な指針を示すことに、とりわけ配意した。現場を熟知し、かつ多様なバックグラウンドを有する執筆陣が紡ぎだした文をひとつの本にまとめていく過程は、私にとって知的成長の機会でもあった。

　「法定労働時間の遵守」という一見当たり前に見えるかもしれない要請ひとつにしても、実は調達企業、サプライヤーそれぞれに重大な影響を及ぼす。CSRの範疇で語られる多くの事柄の中でCSR調達ほど大きな仕掛けと費用、さらに経営上の諸目標との難しい調整を要するものは少ない。であるが故に視界を晴らして臨む必要がある。CSR調達の簡便な処方箋は存在しないが、参考にできる多くの経験と知恵が蓄積されている。このことを読者各位に読み取

っていただければ本書の意図は成功であったといえる。なお、本書で述べられた見解はすべて各執筆者個人のものであり、執筆者が所属する組織とは無関係であることをあらかじめお断りする。

　最後に、ブラッセルでそしてまた東京で、さまざまな「悩みごと」をご相談いただき、共有することを許していただいた多くの企業関係者の方に御礼を申し上げたい。私にとってこれ以上貴重な「考えるヒント」は存在しない。日本の産業が競争力を高めながら、同時に世界から感謝と尊敬の念をもって迎えられることが私の個人的な関心であり願いでもある。

　もっぱらCSR調達を扱った最初の試みである本書が、日本企業のCSR調達の実践と今後の論考に有益な土台を提供できるとすれば大きな喜びである。

2006年10月　東京にて

藤井敏彦

グローバル CSR 調達 ——サプライチェーンマネジメントと企業の社会的責任
◎もくじ

まえがき…3

第 1 章　調達と CSR …………………………………………………11
1.1　CSR と調達………12
1.1.1　CSR 調達の CSR とは…12
1.1.2　グローバリゼーションの進展と CSR…13
1.1.3　国際的な CSR 動向と企業への影響…14
1.1.4　CSR とステークホルダー…16
1.1.5　CSR のサプライチェーン展開にあたっての課題と対応…17

1.2　グリーン調達から CSR 調達へ………21
1.2.1　「購入」と「調達」…21
1.2.2　「グリーン」から「CSR」へ…23

1.3　サプライチェーンと CSR 調達………27
1.3.1　サプライチェーンとは…27
1.3.2　サプライチェーン構造の複雑さ…28
1.3.3　サプライチェーンと CSR 調達…31
1.3.4　サプライチェーン構造上の課題…32

1.4　CSR 調達を行わないことによるリスク………35

1.5　CSR 調達の要求事項………38
1.5.1　コンプライアンス（法令遵守）…39
1.5.2　人権…39
1.5.3　労働…40
1.5.4　安全衛生…41
1.5.5　環境…41

1.6　原材料調達における CSR 配慮………42
1.6.1　自然資源をとりまく実態…43
1.6.2　原材料調達でのサプライチェーンの特徴…44
1.6.3　企業にとってのリスク…45

第 2 章　CSR 調達の国際規格およびイニシアティブ ……………49
2.1　政府の CSR 調達………50
2.1.1　政府の CSR 調達の意義と限界…50

2.1.2　基礎となる条約、法制…53
　　2.1.3　ヨーロッパの現状…54
2.2　CSR 調達にかかわる各種の枠組み………56
　　2.2.1　マルチ・ステークホルダー・イニシアティブ（MSI）による展開…56
　　2.2.2　SA8000 ── 労働認証…57
　　2.2.3　電子業界での行動規範の共通化の動き── EICC と JEITA…64
　　2.2.4　FSC（森林管理協議会）── 森林認証制度…69
　　2.2.5　MSC（海洋管理協議会）── 持続可能な漁業の認証…73
　　2.2.6　ICMM（国際金属・鉱業評議会）の基本原則…76
2.3　CSR 全般の規格………80
　　2.3.1　ISO 社会的責任規格（ISO26000）との関係…80
　　2.3.2　GRI ガイドラインでのバウンダリーの規定…82

第 3 章　CSR 調達を実践する企業事例　……………………89

3.1　リーバイ・ストラウス………90
　　3.1.1　リーバイ・ストラウスの概要…90
　　3.1.2　世界初のグローバル・ソーシング＆オペレーティング・ガイドライン…90
　　3.1.3　グローバル・ソーシング＆オペレーティング・ガイドラインの運用…92
3.2　ミズノ………96
　　3.2.1　ミズノグループの概要…96
　　3.2.2　NGO から指摘を受ける…96
　　3.2.3　「供給者基本原則」の策定…97
　　3.2.4　サプライヤーの監査…98
　　3.2.5　NGO とのやり取りの経験を生かす…99
3.3　イオン………101
　　3.3.1　イオングループの概要…101
　　3.3.2　サプライヤーの企業倫理と人権と労働環境に配慮＜イオンサプライヤー CoC ＞…101
　　3.3.3　イオンサプライヤー CoC の内容と体制づくり…103
　　3.3.4　本社での SA 8000 認証取得…104
　　3.3.5　イオンサプライヤー CoC 運用の実際…104
　　3.3.6　監査をきっかけにサプライヤーの意識も向上…105
3.4　ソニー………106
　　3.4.1　ソニーのグリーン調達…106
　　3.4.2　ソニーの CSR 調達…108
3.5　NEC………110
　　3.5.1　CSR 推進体制…110
　　3.5.2　CSR 取り組みの基本方針…111
　　3.5.3　サプライチェーンへの CSR 展開…112

3.6　資生堂………115
　3.6.1　資生堂グループの事業概要…115
　3.6.2　CSRの理念体系と購買理念…116
　3.6.3　サプライヤーとの地球環境保全への取り組み…117
　3.6.4　資生堂グループ・サプライヤー行動基準の策定と浸透…117

第4章　原材料調達におけるサプライチェーンマネジメント …121

4.1　原材料調達の先行事例………122
　4.1.1　日本製紙グループ…122
　4.1.2　木材関連会社：B&Q…126
　4.1.3　鉱工業：リオ・ティント…129
　4.1.4　食品会社：ユニリーバ…132

4.2　原材料調達マネジメントでの実践のポイント………136
　4.2.1　直面する事態を認識する…136
　4.2.2　自社内でとる対策…137
　4.2.3　ステークホルダーとのエンゲージメント…138

第5章　CSRサプライチェーンマネジメントの導入、実行……141

5.1　CSRサプライチェーンマネジメント………142
　5.1.1　概要と目的…142
　5.1.2　マネジメントフロー…143
　5.1.3　マネジメント運用の意義…143

5.2　基本計画………144
　5.2.1　現状の把握…144
　5.2.2　推進体制…145
　5.2.3　基本方針…147
　5.2.4　目標設定…148
　5.2.5　全体的なスケジュール…149

5.3　サプライヤーのための行動規範の策定………151
　5.3.1　行動規範とは…151
　5.3.2　策定にあたっての留意事項…151
　5.3.3　サプライヤーのための行動規範に含める内容…152
　5.3.4　サプライヤーのための行動規範の策定…153

5.4　対象サプライヤーの選定………154
　5.4.1　選定の場面…154
　5.4.2　場面ごとの選定…154

5.5　研修………157
　5.5.1　研修の目的と方法…158

5.5.2　調達企業の経営層および関係者の研修…158
　　5.5.3　サプライヤーの経営層および関係者の啓発…159
5.6　サプライヤーのモニタリング………161
　　5.6.1　モニタリングの目的と主体…161
　　5.6.2　モニタリングの客観性…162
　　5.6.3　モニタリング項目と基準…164
　　5.6.4　モニタリングのプロセス…165
　　5.6.5　フォローアップ…170
5.7　活動結果の評価と見直し………170
　　5.7.1　モニタリング結果の分析…170
　　5.7.2　不遵守サプライヤーへの対応方針…171
　　5.7.3　活動の見直し…172
5.8　情報開示………173
　　5.8.1　情報開示の考え方…173
　　5.8.2　情報開示の内容…175
　　5.8.3　情報開示の事例…177
5.9　モニタリング型マネジメントの今後………180

第6章　サプライヤー、調達企業の悩みどころと対応方法 …181
6.1　調達側の行動規範に従いCSR要求事項を実践する………182
　　6.1.1　増大する中小、中堅企業の海外工場のCSRリスク…182
　　6.1.2　「私的規制」としての行動規範…184
　　6.1.3　注意すべき行動規範の特徴…185
　　6.1.4　サプライヤーとしての対応の基本…189
6.2　サプライヤーとしての取り組みの流れ………189
　　6.2.1　日本本社の協力、支援…189
　　6.2.2　ギャップ分析(GAP Analysis)…190
　　6.2.3　是正措置(Corrective Action Plans)…190
　　6.2.4　監査を受ける…192
　　6.2.5　監査後の是正措置…193
　　6.2.6　継続的改善のための研修…194
6.3　大きなリスクを伴う項目、難しい項目………195
　　6.3.1　児童労働…195
　　6.3.2　最低賃金…200
　　6.3.3　労働時間…203
　　6.3.4　結社の自由…209
　　6.3.5　安全衛生…211
　　6.3.6　サプライヤーによるサプライヤー管理…212

6.4　日本国内で監査を受ける際に注意すべき事項の例………212
　　6.4.1　雇用保険、社会保険…212
　　6.4.2　労働時間…213
　　6.4.3　団体交渉権…213

6.5　CSR対応による顧客拡大………214
　　6.5.1　CSR対応は不可欠か…214
　　6.5.2　CSR対応による顧客拡大…215
　　6.5.3　CSR調達が進める経営革新…216

第7章　グローバル経営とCSRサプライチェーンマネジメントの将来…219

7.1　モニタリング型から連携型マネジメントへ………220
　　7.1.1　監査に依存するマネジメントの課題…220
　　7.1.2　生産性向上をもたらす実質的な改善…223
　　7.1.3　これからのCSRマネジメントで求められる取り組み…227

7.2　グローバルな人材戦略の展開………228

7.3　サステナブル・サプライチェーン(Sustainable Supply Chain)の構築…231
　　7.3.1　ジャストインタイム方式の社会的費用…231
　　7.3.2　従来型サプライチェーンマネジメントとの共通性…233
　　7.3.3　サステナブル・サプライチェーン構築に必要な新しい対応…236
　　7.3.4　何層目のサプライヤーまで対象とするのか…237

7.4　日本が拓くCSRサプライチェーンマネジメントの将来………239
　　7.4.1　「企業」にとっての「国」…239
　　7.4.2　CSR概念の収斂と日本産業の位置…240
　　7.4.3　日本の協働型経営の貢献…242

あとがき…244

さくいん…247

執筆者紹介…252

編著者紹介…254

装丁・本文デザイン＝勝木雄二

第 1 章
調達とCSR

CSR（企業の社会的責任、Corporate Social Responsibility）に関する事項を調達の条件に組み込む動きが加速している。本章では「CSR調達」、「CSRサプライチェーンマネジメント」と呼ばれる潮流をCSRそのものの変化、サプライチェーンの変化、企業のリスク認識の変化、の3つの変化から俯瞰する。あわせて具体的なCSR要請事項を整理する。さらに、「もうひとつのCSR調達」、サプライチェーンの最上流に位置する資源採取のCSRについての動きも概観し、CSRサプライチェーンマネジメント全体像の理解のための土台を提供する。

1.1 CSRと調達

1.1.1 CSR調達のCSRとは

　欧米の先進的多国籍企業の間では、CSR経営をより徹底させるために、サプライチェーンまでCSRの取り組みを拡張する動きが強まっている。多国籍企業のサプライチェーンに組み込まれている日本企業も、CSRの視点を事業活動に取り込んでいかざるを得ない。ではサプライチェーンに関するCSRとは何だろうか。一般的にCSRを不祥事が起きた際に企業が社会に対しいかに責任を取るかというコンプライアンスの問題としてとらえる傾向がある。また、環境活動や利益の一部を社会に還元する社会貢献活動（フィランソロピー）に限定したとらえ方もみられる。

　しかし、このようなCSR観では、現在欧米企業がサプライチェーンについて取り組んでいるCSRの本質は見えてこない。「企業が社会や環境に関する問題意識を、その事業活動やステークホルダーとの関係の中に自主的に組み込んでいくこと[1]」とCSRを理解する必要がある。社会の課題に対して自律的にかかわり、課題解決に貢献していくことがCSRの重要な要素である。

---

1) 欧州委員会定義、社団法人経済同友会訳

CSRを構成する要素は、人権、労働、安全衛生、環境保全、公正取引、企業倫理、品質と安全、消費者保護、地域貢献等多岐にわたり、経営分野のすべてに関係する。これらの要素項目は、日本企業の自社内においては経営品質上の中核分野として重視されている。しかし、国際社会でCSRへの関心が急速に高まった主因に、途上国での貧困を背景とする、労働者の人権、安全衛生や環境などの問題への対応の必要性があり、これらは日本企業にとって従来の経営品質上の要素として認識が薄かった分野である。

1.1.2　グローバリゼーションの進展とCSR

　「企業の社会的責任」は必ずしも新しい概念ではない。日本企業にとっては、近江商人の「三方よし」（売り手よし、買い手よし、世間よし）の言葉に表現されるように古くから社会との共生を重視してきたし、かつて公害問題がクローズアップされた時、また企業不祥事が続くたびに社会的責任が問われてきた。
　従来の「社会的責任論」とCSRとの違いはどこにあるのか。CSRが世界に広まった要因を考えると理解しやすい。大きく次の4点に整理できる。
　ひとつは、経済のグローバリゼーションが急速に進展したことに伴い、「負」の問題が途上国を中心に顕在化してきたことである。企業活動のグローバリゼーションが、販売や資金調達のみならず、資材調達とアウトソーシングを含む生産の面でも急速に拡大した結果、さまざまな「負」の問題が露呈してきた。途上国での貧困を背景とする環境破壊や強制労働、児童労働に代表される人権や労働安全衛生の問題はその代表例である。
　2点目は、企業を取り巻くステークホルダーが多様化し、企業の製品、サービスや行動に対し監視や関心が高まっている点である。NPO（Non-profit Organization）やNGO（Non-governmental Organization）の発展は典型例である。NGOが大きく成長したのは、市民が従来に増して自然環境や地球の持続可能性、安全衛生、人権、教育、福祉等にかかわる社会的課題に関心や不安を持つようになったことが背景にある。
　その結果、グローバリゼーションの負の側面も含め、社会や環境が抱えて

いる課題の解決に向けて、企業にも役割分担を求めるようになった。欧州がCSRの発祥地として語られるのも、市民社会が成熟化しており、NGOにみられるような市民活動が活発なことが背景にある。

3点目は、企業不祥事が世界的レベルで頻発している点である。市民や消費者の企業に対する視線はますます厳しくなってきている。さらには市民や消費者の権利意識の向上に伴い、製品、サービスの品質のみならず、企業行動や製品・サービスの環境、安全、衛生が各方面に与える影響について、企業に積極的に問題の是正を求めていく傾向もみられる。例えば国内の消費者センターに寄せられた苦情相談の総数は1993年の約22万件に対し、2004年は8倍以上の183万件に達している[2]。企業内のステークホルダーである従業員の価値観の変化もある。最近露見した企業不祥事は、社内関係者の内部告発に基づくものが多いと言われている。これは従業員などが自社の不正による短期利益追求を容認しないという価値観の変化の表れであり、また公正で良いイメージの企業で働きたいとの思いを強めているからでもある。

さらには、インターネットの進展やマスコミ報道の増加もこれらの動きを加速していることが4番目の点である。1980年代までは企業の社会的責任に関する情報はマスコミ報道に限られていたが、1990年代に入りインターネットの普及とともに、流通する情報量がグローバルに、かつ飛躍的に増加し、なかには企業の不正を糾弾するサイトまでもが出現するようになった。特にインターネットの進展がNGOの発展の支えとなった。

1.1.3　国際的なCSR動向と企業への影響

(1)　国際的動き

国連等の国際機関や欧米諸国、NPO、NGOおよび企業関係者の間でCSRについての議論が広がっている。また、企業行動を監視、評価する組織やNGOが欧米多国籍企業の行動規範や規準の制定に関与する動きが活発化している。

---

[2]　独立行政法人国民生活センター：『消費生活年報2005』

国連では、1999年にコフィー・アナン事務総長がグローバル・コンパクトを提唱、2000年7月26日に正式に制定された。企業のリーダーにグローバル・コンパクトへの参加を促し、国連機関、労働、市民社会とともに人権、労働、環境、腐敗防止の分野における10原則への支持と普及を求めている（2004年に腐敗防止に関する10番目の原則が追加された）。国際標準化機構（International Organization for Standardization: ISO）も2009年初頭を目指してCSR（ISOでは全ての組織体を対象とし、Social Responsibility: SRと規定）の規格化の検討を進めている。

　CSRは地球全体の持続性の観点から途上国における貧困問題を、労働環境（人権と安全衛生等）の改善、腐敗防止、環境問題への対応を通して解決しようというのが欧州を中心とする世界の潮流である。

(2) 企業活動への影響

　CSRへの国際的関心の高まりは、企業活動にもさまざまな直接的な影響をもたらしている。金融市場において社会的責任投資（Socially Responsible Investment: SRI）が進展している。NGOが途上国での環境破壊や人権問題を中心に、企業行動に対する監視を強化する動きもある。さらにＥＵやイギリスのように、政府が調達条件にCSRの視点を取り入れようと検討している動向も見逃せない。これらの動きに対応し、欧米の多国籍企業はいち早くCSRの考えを調達基準にまで取り入れようとしている。

　一例を挙げる。サプライチェーンの児童労働問題の例として1990年代のナイキのケースが有名であるが、現在では衣料品産業のみならずアウトソーシングが進んでいる流通や電子産業なども、中国やアジアでの製造委託先における労働条件や人権対応などがNGOにより問題視されつつある。英国の人権団体であるCAFOD（Catholic Agency for Overseas Development[3]）は、世界的PCメーカーである米国のHP、IBM（当時）、Dellを標的にサプライチェーンにおける労働条件の改善を求めた。サプライヤーの労働条件が国際基準に達してお

---

3)　http://www.cafod.org.uk/

らず、3 社の行動規範の実施が不十分であるとして、2004 年 1 月にマスコミやインターネットを通じて、消費者に対して 3 社に改善を求めるよう呼びかけた。これがきっかけとなって、HP 社が主導し、2004 年 10 月、IBM、Dell と共同で電子業界サプライチェーンにおける行動規範（Electronic Industry Code of Conduct：EICC）を発表するに至った。

サプライチェーンの一角を占める日本の製造業にとっては、欧米多国籍企業の動きは看過できず、CSR 推進上の強力な外部ドライバーとなりつつある。

1.1.4　CSR とステークホルダー

CSR は大きく 3 つに分類できる。ひとつは企業活動のプロセスに社会的公正性や環境への配慮を取り入れ、社会（ステークホルダー）や地球環境に与える「負」の影響を限りなくゼロに近づける取り組み。2 つ目は、より積極的に「正」の影響を拡大する取り組みを行い、地球全体の持続性を確保する活動である。

3 つ目は、さらに取り組みの課題、成果などをステークホルダーに開示し、対話と連携により活動の改善を図り、企業価値そのものも上げていくプロセスである。

先に述べたとおり、ステークホルダーが多様化し、企業が影響を与える関係者という従来の考え方のみならず、企業側に正負の両面において影響を与える関係者も含むようになった。CSR 活動の座標軸は社会と環境と企業自身の持続可能性にあるので、ステークホルダーのとらえ方も、この軸を念頭においた特定が重要である。

一般的には、顧客、サプライヤー、消費者、投資家、株主、従業員、地域社会（生活者等）が想定される。これらは企業と相互作用の関係性がある。企業からの直接の影響は限定されるが、企業側に影響力を行使し社会の問題を解決しようとする NGO も、ステークホルダーとして認識されるべきである。

また、ステークホルダーとしての顧客を考えた場合、B to C（Business to Consumers）企業にとってのそれは、消費者あるいは生活者（拡大解釈し社会全体）であり、B to B（Business to Business）企業にとっては、直接の顧客のみ

ならずその先にある消費者、生活者を含む社会一般も対象とすべきである。その意味でBtoB企業にとっては、消費者と直接向き合う関係にある下流のサプライチェーンも重要なステークホルダーとして認識されることになる。

1.1.5　CSRのサプライチェーン展開にあたっての課題と対応

　グローバルサプライチェーンの一角を占める日本の製造業がCSRのサプライチェーンへの展開に取り組むにあたり、いくつかの課題がある。ここでは3つの課題について述べる。ひとつは調達におけるQCD(Quality:品質、Cost:コスト、Delivery:納期)とCSR要求の調整、2点目はステークホルダーあるいはビジネスパートナーとしてのサプライヤーの位置づけである。そして3点目は、実効性の高い取り組みが、購買先とサプライヤーの双方にコスト面の負担を招く恐れがあることである。

(1)　品質、コスト、納期との調整

　企業のCSRサプライチェーンマネジメントにあたっては、従来の調達条件であるQCDに加え、環境、倫理、消費者保護、腐敗防止、労働条件や人権などの要素を組み入れていくことになるが、現実には、資材調達上の競争戦略の点からQCDが優先される。

　日本企業は、CSRの要素項目のうち、事業上のコンプライアンス・リスクに直接結びつく製品まわりの品質・安全性(消費者保護)、環境や情報セキュリティなどは資材調達においても個別に対応しつつある。しかし、事業上のリスクとして認識しにくく、人事権の及ばないサプライヤーでの腐敗防止や、労働者の人権、安全衛生に関する問題は、サプライチェーンマネジメント上優先度が低い。

　売り手と買い手の力関係も影響する。売り手側(サプライヤー)の地位が優位である場合、調達する部品、材料やサービスとのつながりが薄い人権や腐敗防止などのような要求を付加することは、そのまま調達コストに跳ね返る可能性が生じる。場合によっては取引が中止させられる事態を招くかもしれない。こ

のような状況では、QCD の各要素に影響を与えかねない新たな調達基準を自律的に設定していくことは容易ではない。

一方、上述のとおり欧米多国籍企業がサプライヤーに対しその一次取引先まで含んだ CSR の強化を求めはじめ、これらのサプライチェーンの一角を占める日本の製造業にとっても影響が出はじめている。この下流からの動きは、日本企業にとってはサプライチェーンマネジメントに CSR の考えを導入する牽引力になっている。顧客の要求に対応できなければ、事業上のリスクが発生するからである。

それでは、日本企業にとって、この二律背反の命題に対しての現実的な解はあるだろうか。

まず基本姿勢として、自社の CSR の取り組みを強化するためにサプライヤーの協力を求めるアプローチを取ることである。それが CSR 調達の出発点になる。そのためには、包括的ガイドラインとして CSR 要素の優先度を示し、重要度に応じた協力をサプライヤーに要請することが有効である。産業、企業ごとに直面するリスクが異なるため項目の優先度は一般化できないが、産業によっては次のような分類、順序は参考になるだろう。

最初は、従来からの個別対応の領域である品質・安全性、環境（グリーン調達）、情報セキュリティ分野など、日本において優先度の高い分野である。そしてこれに腐敗防止や人権、労働安全衛生など、グローバルな流れの中で重要視されている CSR 要素領域を追加する。リスク認識にもよるが、前者は現在の調達上の条件として、後者は将来の調達条件化に向けて取り組みの強化を求めるとの対応もあろう。さらに、CSR 全体のマネジメントシステムの整備や社会貢献の分野を加え、努力目標としてサプライヤーに要請していくことが考えられる。もっとも、衣料品産業や小売業界のように、すでに国際的な要件を調達条件化している産業も存在する。

いずれにせよ、このようなガイドラインにより自社の考え方をサプライヤーに明示し、協力を要請することが、CSR サプライチェーンマネジメントの第一歩である。

(2) サプライヤーの位置づけ

　サプライヤーは企業にとって重要なステークホルダーである。ステークホルダーとの協働という視点に立てば、CSR に関連する要素項目への対応を一方的に取引条件化し、対応できないサプライヤーを除外していくことは好ましくない。また、実務上も労働契約が存在しない組織間には人事権もないことから、問題への対応や管理を一方的に求めていくのは難しい。

　しかしながら国際社会では "complicity (共犯)" という考え方が定着している。サプライヤーの人権問題が露呈した場合、それを無視すれば「共犯」と認識される。調達企業にとってリスクの点から看過できない。米国のサプライマネージメント協会(Institute for Supply Management : ISM)が 2004 年 4 月に発表した「米国サプライマネージメント協会社会的責任原則(ISM Principles of Social Responsibility)」は以下のように規定している[4]。

> Ⅵ章　人権、第 3 項　自社とサプライチェーンに対し、人権または就業上の権利に関する侵害行為の共犯とならないよう奨励すること。

　サプライヤーには、既述のとおり自社の CSR の取り組み強化への協力を求める、あるいは協力しながら環境や社会の課題を改善していくというアプローチが必要である。サプライヤーにおいては、研修プログラムの確立、マネジメントシステムの構築などが求められるが、途上国のサプライチェーンには余力がないので、調達企業側が支援することも必要となる。しかし、それは 3 つ目の課題であるコストの問題と絡んでくる。

(3) コスト

　ナイキのケースでは、人権や労働安全衛生を中心とする CSR の取り組みをアジアの下請け先に求めた結果、ある下請け企業は、複数の企業から 1 年間に

---

4)　http://www.ism.ws/SR/Principles.cfm

40回のCSR監査を受けることになったことが判明した。下請け企業の経済的、人的な負担は相当大きく、一方ナイキ社にとっても同様の負担を強いられ、必ずしも双方にとって効率のよい取り組みではなかったと報告されている。世界銀行の調査によれば、CSR調達の条件化は、サプライヤーと購買側のどちらにも疲弊感を起こし、CSR取り組み上の改善につながっていないことが報告されている[5]。

さらに、市場での自由競争を原則とする以上、サプライチェーンに対する対応のコストもグローバルな業界内で公平に負担されるべきである。途上国を中心とする中小サプライヤーに対しては、CSR実態調査や、その結果に基づくサプライヤーの従業員に対する研修や監査、マネジメントシステムなどの仕組み作りといった基盤強化まで支援することが重要視されている。しかし、リソースを相当投入し、サプライヤーのCSR上の問題を改善する発注者がある一方、同じサプライヤーに発注していても、サプライヤーの従業員への教育支援や監査等のCSR対応支援は競合他社に依存する企業もある。後者の企業には長期的リスク管理の問題が残るものの、一種の「ただ乗り」であり、公平性について問題がある。業界の共同アプローチは、このような支援のコストを最小限に抑える方法としても有効である。

既述のとおりHP、Dell、IBMの3社は共同でサプライチェーンのCSR対応に取り組んでいる。Dellの説明では、3社が共同で実施することにより自社だけがコスト上不利にならないばかりか、実質的なコスト削減効果までもたらしたとのことである。下請け業者の側でも複数の基準に合わせる必要がない分、より効率的な操業ができるようになった[6]。

ISOがCSRの国際規格化を進めることになった背景には、途上国を中心とする中小企業（多国籍企業の下請け）から購買企業ごとに違うCSR取り組み要求内容を統一化してほしいとの強い声もあった。

サプライチェーンに対するCSR取り組み上の実効性を高めるためには、電

---

5) http://www.bsr.org/CSRResources/worldbank_report.pdf
6)『ニューズウィーク』2005年6月15日号

子産業界のように少なくとも業界内での共同したアプローチが必要である。特に電子産業のように部品購入先、製造委託先等が共通化しつつある産業では、サプライチェーン向け業界共同プラットフォームの構築は有効な解決策のひとつである。

1.2 グリーン調達からCSR調達へ

本節では、CSR調達の背景をよりよく理解するため、CSR調達と関係が深いグリーン調達、グリーン購入といった概念について整理を行っておく。この概念を正確に理解することは、企業にとって、CSR上の適切な対応を行う上では極めて重要である。ここに述べる、グリーン購入、グリーン調達、CSR調達に関しては、一般的に定義が必ずしも確定しておらず、これらの用語が時に混同されることもあるが、本書では最も一般的かつ理解しやすい形で以下のように考えてみたい。

1.2.1 「購入」と「調達」

何らかの物品などを購買する2つの用語、「購入(purchasing)」と「調達(procurement)」の違いについて、ここでは次のように定義する。まず、最終使用者(最終消費者)が「使用」ないし「消費」を目的に物品を購買する行為を「購入」と定義する。この場合、最終使用者である一般消費者(一般市民)が、食料品、雑貨、自動車、家電などを「使用」や「消費」を目的に購入することが典型的な事例となる。この「購入者」は個人に限られたものではなく、政府機関や企業が、事務用品、コピー機、什器、IT機器などを購買することも、この「購入」にあたる。

一方、企業などが、製品を製造するなど二次的な利用のために購買する行為を「調達」と定義する。一般的な「調達」は、企業が、部品、原材料など製造資材を購買することがこれにあたる。この定義から、「調達」に関与する2社

の関係は、ほとんどの場合、B to B(Business to Business)となる。

したがって、製造業を営む企業での購買行為は、「調達」「購入」の2種類があり、製造資材の購買は「調達」、非製造資材の購買は「購入」となり、大きな企業の中では、同じ資材部門でも、取引する部署は異なっている場合が多い。「購入」と「調達」の概念を整理して図表1-1に示した。

物品の購買のみについて述べたが、飲食、金融など「サービス」の購買行為についても同様な概念を当てはめることができる。したがって、本書で述べるCSR調達は必ずしも、製造業(第二次産業)だけの問題ではなく、第一次産業、第三次産業も十分に対象になりうることを明記しておきたい。

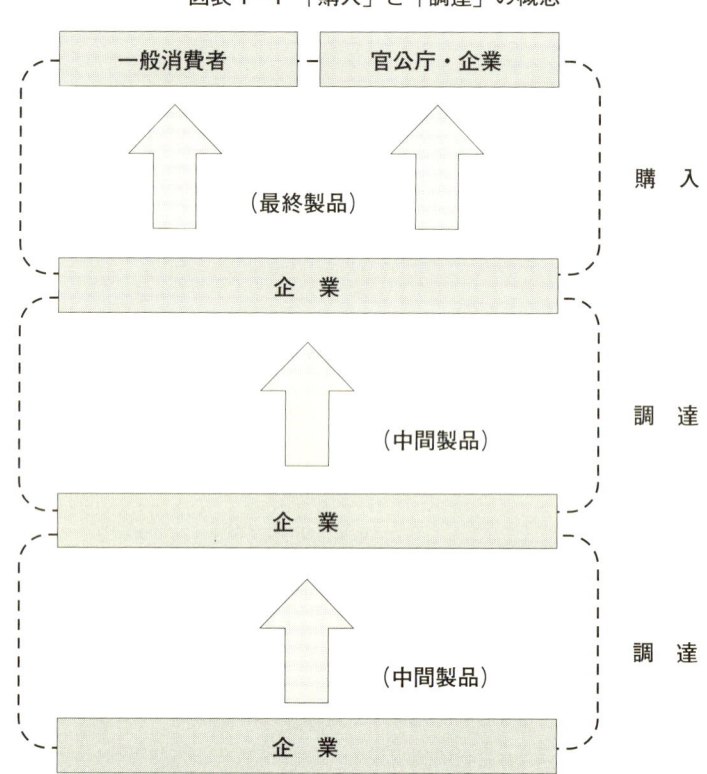

図表1-1 「購入」と「調達」の概念

1.2.2 「グリーン」から「CSR」へ

次に、「グリーン」と「CSR」の違いについて述べる。まず、「グリーン」は、文字どおり環境配慮を意味し、「購入」ないし「調達」の条件に何らかの環境配慮を組み入れたものが、それぞれ「グリーン購入」、「グリーン調達」である。

(1) グリーン購入

「グリーン購入」は、特に日本では広く知られた概念であり、すでに多くの企業で実践されているものである。企業の環境対策では、基礎的な要件として「紙」、「ゴミ」、「電気」とよくいわれるが、この「紙」対策には、使用量削減やリサイクル率の向上と同様、「再生紙」や「FSC（森林管理協議会）認証紙」の利用という「グリーン購入」が取り入れられている場合が多い。紙の例に限らず、「グリーン購入」は企業にとって比較的取り組みやすい環境対策である。

例えば、コピー機の場合、対象になる環境配慮項目は、製品の省エネ性、有害物質の不使用、リサイクル材料の使用、リサイクル性に優れているなどが考えられる。このグリーン購入基準は、購入する製品に応じて変化させることができるのが、実践しやすいひとつの理由である。また、この動きを加速させるように2000年に施行された「グリーン購入法」は、文字どおり官公庁に「グリーン購入」を義務づけるもので、官公庁は「グリーン購入」の基準を定め、それに基づいた物品の購買を行うことになっている。

このグリーン購入は、企業や官公庁といった組織にとどまるものではなく、一般消費者が購入する際にも、エコマークなどの基準をもとに購買する動きが広がってきている。特に、地球温暖化防止対策として、省エネの家電製品や低燃費の自動車への買い替えが推進されているが、これはグリーン購入の力を利用して、効果的に環境対策を進めようとする施策である。

このようなグリーン購入を推進するために設立されたNPO法人「グリーン購入ネットワーク」では、多岐にわたる製品についてグリーン購入ガイドラインを設けている。現在では、事務用品、IT機器、家電製品などはもとより、ホテル（宿泊先）についてのガイドラインまで用意されており、消費者が意識を

第 1 章　調達と CSR

持てばかなりのグリーン購入の実践ができる時代になっている。

(2)　グリーン調達

　このようにグリーン購入は徐々に社会的な広がりをみせ、国際的にもグリーン購入の潮流が広がりつつあるが、ここ数年、特に脚光を浴びているのは、「グリーン調達」である。

　現在、グリーン調達は、電気電子産業や自動車産業では死活問題のように語られている。その原因は、欧州で近年導入された新たな法規制である。2003年に施行された廃自動車(End of Life Vehicle)指令、2006 年に施行された RoHS (Restriction on Hazardous Substances)指令(通称：ローズ指令)は、それぞれ自動車、電気電子製品に、一部の除外用途を除き、一定濃度以上の鉛、水銀、六価クロム、カドミウムなどの有害物質を含有した製品を欧州市場で販売することを禁止した法律である。

　この結果、欧州市場に製品を上市する、自動車、家電、IT メーカーなどは、厳しいグリーン調達を行っている。なぜなら、これらの最終製品メーカーは程度の差はあれ、部品や材料をサプライヤーから調達し、最終製品として組み上げた製品を出荷しているため、調達する資材(モノ)、すなわち部品や材料などに禁止された物質が含有していると、結果的にそれらの部品や材料を使用した最終製品は禁止物質を含有することになり、その製品が出荷できないことになるからである。これらの物質を、納入される部品や材料に含まないことを、調達基準に盛り込み、納入先(サプライヤー)に基準の遵守を徹底するのが、この「グリーン調達」の典型的な例である。

　この事例の場合、納入資材(モノ)に焦点をあてたグリーン調達であるが、サプライヤーのマネジメントに焦点をあてたグリーン調達も比較的広く行われている。典型的な例は、サプライヤーに対し、環境マネジメントシステムの国際規格である ISO14001 の認証取得やそれを簡素化したマネジメントの仕組みの導入を要請するというものである。地球温暖化防止などの条件を物流業者に対して要求するような昨今の動きも、この「グリーン調達」の分類に入ると考えてよい。

(3) CSR調達

　特に、日本では前記のようなグリーン購入やグリーン調達の取り組みが先行してきた。しかし、近年のCSR活動への積極的な取り組みが広がるなか、調達の分野においてもCSR調達が導入されはじめている。一方、海外に目を転じれば、グリーン調達とは異なるCSR調達が先行してきた業種もある。例えば、米国の衣料品業界では、1990年代から、児童労働の禁止のような人権配慮、労働環境の改善といったCSR課題をサプライヤーに対して要請し、その実行を担保するために、監査や教育を積極的に実施している。

　一般的に言えば、CSRと環境の関係がそうであるように、CSR調達はグリーン調達を包含する上位概念と考えられる。前項で述べたような、モノにかかわるグリーン調達や、環境マネジメントにかかわるグリーン調達もCSR調達の一部であるが、CSR調達ではそれにとどまることなく、サプライヤーの人権、労働条件、安全衛生に対するマネジメントなども対象として調達条件に組み入れられるのが通例である。

　したがって、CSR調達は下記のように定義できる。

> 調達先であるサプライヤーに対し、何らかのCSRにかかわる調達基準を提示し、それに対する遵守を要請して行く行為。

　なお、企業のCSRの実践として、公正な資材調達行為のために、自社の資材担当者に対し、サプライヤーからの贈答や接待に制限を加えることがしばしば行われるが、これらの行為は、あくまでも自社内のCSR基準であり、上記のCSR調達の行為とはいえない。

　一般的に、環境負荷が相対的に大きい業種である製造業がグリーン調達に熱心であるのに対し、CSR調達の主役は高度な工業製品の製造業にとどまらない。一次産品を扱う流通業界や労働集約型の軽工業などでも積極的な取り組みがみられるのは、CSR調達の要求事項(1.5節参照)に「社会的側面」が関係してくることによる。

図表1-2　CSR調達とグリーン調達

```
┌─────────────────── CSR調達 ───────────────────┐
│  ┌─── グリーン調達（環境）───┐                    │
│  │  ┌────────┐  ┌────────┐  │   遵法・人権・労働など  │
│  │  │ 納入品  │  │マネジメント│  │   マネジメント         │
│  │  │ (モノ) │  │ (仕組み) │  │  （方針、仕組み、実績）│
│  │  └────────┘  └────────┘  │                    │
│  └──────────────────────────┘                    │
└──────────────────────────────────────────────┘
```

　それが、CSR 調達での要求事項が多岐にわたり、CSR 調達が極めて複雑、多様で奥深いものとなってくる所以である。しかも、すべての事項が、必ずしも同じ重要性を持って要求、管理されるとは限らない。重要視される要求項目が、業種、サプライヤーの企業規模や国、地域などによって異なってくるのは、このような背景を見れば極めて自然なことである。なお、実際には、同一企業がグリーン調達と CSR 調達を別に運用している場合もある。特にグリーン調達がモノに焦点をあてている場合、CSR 調達とは仕組みを分けるのが一般的である。

　図表1-2 は CSR 調達とグリーン調達の関係を示している。

　ところで、1.2.1 項で、「購入」と「調達」の概念の違いを述べたが、CSR 購入と呼べるものは、存在しないのであろうか。CSR 購入という言葉はあまり一般化していないが、最終消費者が、製品の CSR 的な素性を考慮して購入することは十分にありうる話であるし、徐々に一般化しつつあると考えられる。例えば、途上国の貧しい生産者を搾取することなく、適正な対価を支払って栽培されたコーヒー豆などの農産物等を購入するフェアトレードのような最近の動きは、CSR 購入の典型的な事例であると言ってよい。また、欧州の消費者団体は、電化製品などの生産地、生産される工場の労働環境などについての比較情報を提供し、製品を見ただけではわからないサプライチェーンの CSR 側面まで考慮した購買行動を促すような例も出てきている。昨今の LOHAS（Lifestyles of Health and Sustainability：ロハス）ブームから、消費者はこれ

までとは異なった価値観での購買行動をしはじめている。この新しい動きも広い意味での CSR 購入ということができる。

一方、企業がこのような CSR 購入の動きに対応した商品を提供するためには、CSR 調達を使い、適切なサプライチェーン管理をしてゆく必要があることは言うまでもないことである。

1.3 サプライチェーンと CSR 調達

1.3.1 サプライチェーンとは

　CSR 調達を考える際、サプライチェーンの構造を理解することは、CSR 調達の目的を果たすうえでも極めて重要である。その企業が、サプライチェーンの中で、どの位置に置かれているかによって、その企業の果たすべき役割が異なってくるのが通例である。また、CSR 調達を実践しようとする場合、サプライチェーンのどこまでをその対象範囲とするかを決定するには、サプライチェーンの構造をよく理解しておく必要がある。

　サプライチェーンとは、簡単に言うと、「物品が最終消費者の手に渡るまでにたどるビジネス上の道筋」ということができる。サプライチェーンの構造は、川の流れに似ていることから、しばしばそれにたとえられることが多い。最終消費者は、川の最下流、すなわち河口に位置している。サプライチェーンの構造を単純化して見てみると次のようになる。例えば、家電製品のような工業製品の場合、最終製品は多数の部品で構成されている。それぞれの部品は、さらに細かい部品から構成されることもある。そして、最も小さい部品もプラスチックや金属のような素材から構成される。素材はもとをたどると鉄鉱石や石油のような原材料に行き着く。

　つまり、サプライチェーンという川の源流には、原材料を供給する石油や鉱石を生産する会社があり、川上から川中、川下に下るにつれ、素材メーカー、

図表1-3 サプライチェーンの構造

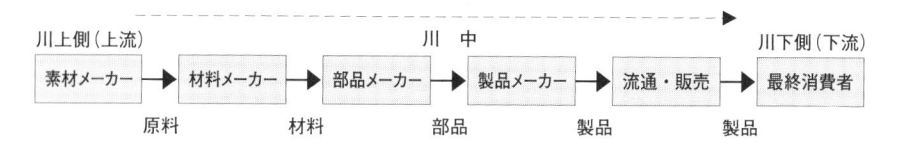

川上側（上流） → 素材メーカー → 材料メーカー → 部品メーカー → 製品メーカー → 流通・販売 → 最終消費者 川下側（下流）
　　　　　　　　　　原料　　　　　　材料　　　　　部品　　　　　製品　　　　　製品

部品メーカー、最終製品メーカーのようなビジネス連鎖を経て、最終的に川の河口に位置する消費者へとつながっていく（図表1-3参照）。

1.3.2　サプライチェーン構造の複雑さ

昨今では、農産物などのトレーサビリティーが重要視され、スーパーマーケットの店頭で野菜の生産者名や写真が表示されていることも珍しくなくなっている。このように、農産物や衣類などの場合、相対的にサプライチェーンは短く、サプライチェーンの源流まで遡ることは、比較的容易である。しかしながら、複雑な工業製品の場合、現実のサプライチェーンは、これほど単純化されたものでなく、極めて複雑な構造を持っているのが通例である。

（1）　サプライチェーンの長さ

前項の例では、非常に単純化されたサプライチェーン構造を紹介したが、実際には、間に流通業者、商社や複数の部品メーカーなどが入り、かなり長いサプライチェーンを形成していることが多い。

したがって、川下側の企業から見ると、実際にサプライチェーンの源流がどこにつながっているかわからない場合も多い。しかも、サプライチェーンの上流が国内にとどまっているとは限らない。自動車業界などのように、系列構造により、かなりサプライチェーンの統制が行き届いている例外的な状況もあるが、その場合でも、上流に遡ると電子部品の原材料がどこから来ているかを把握することは極めて困難になってくる。

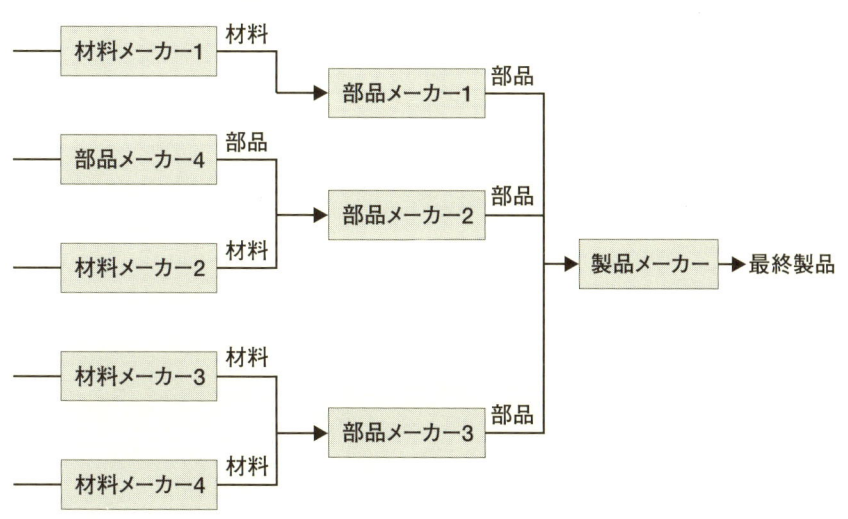

(2) サプライチェーンの枝分かれ

　これまで、あたかもサプライチェーンが一本の糸のようにつながっているように記述してきたが、実際には無数の支流が集まって大河ができるように、サプライチェーンにも無数の枝分かれ構造がある。

　例えば自動車や電気製品などは、数百から数千、場合によってはそれ以上の部品、部材からできている。さらにそれらは複数の部品や素材で構成される。同じ部品や素材であっても価格競争のため複数社から傾斜購買することもある。このように、それぞれの階層で枝分かれが起こり、ねずみ算式に枝分かれしたサプライチェーンはとめどもなく広がってゆく（図表1-4参照）。しかし、時に枝分かれした先が再び合流することがないわけではない。例えば、川中に位置する別の部品メーカーが、同一のプラスチックを大手樹脂メーカーから購入しているような場合である。

　いずれにしてもサプライチェーンの長さに加え、この枝分かれによって、サプライチェーンの構造はますます複雑化してゆく。複雑な工業製品の場合、サプライチェーンの全体像の把握は事実上不可能な状態となる。

図表1-4　サプライチェーンの枝分かれ

(3) サプライチェーンの絡み合い

　さらに状況を複雑にするのが、複数のサプライチェーンが重複していることである。図表 1-5 の類似の製品を製造する競合メーカー A 社と B 社は、必ずしもサプライチェーンをそれぞれ系列化して独立で管理しているわけではない。むしろ、類似製品を製造する際には、同様な部品や材料が必要となり、サプライチェーンの川中、川上側は共有されている場合が多い。

　それどころか、例えばパソコンメーカーは、その部品（デバイス）も生産していることが多く、最終製品で競合しあっている他社に部品を供給することは珍しいことではない。このサプライチェーンの構造が、CSR 調達の実践のうえで厄介な問題を投げかけることになる。

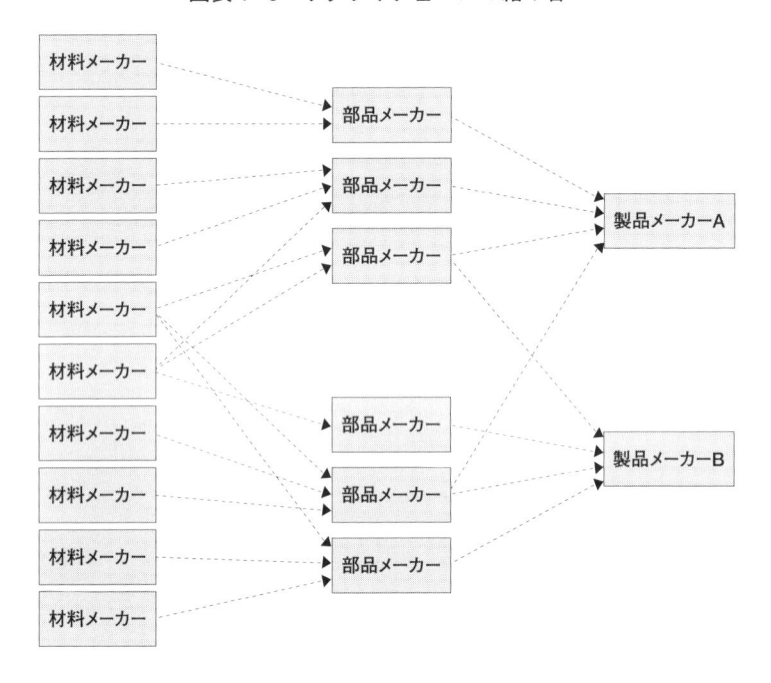

図表 1-5　サプライチェーンの絡み合い

1.3.3 サプライチェーンとCSR調達

これまで、サプライチェーンの構造について解説を加えてきたが、CSR調達を行ううえで、十分に理解しておくべきサプライチェーン上の次のような課題がある。

(1) 本当に作っているのは誰か？：アウトソーシング

店頭に並ぶ多数の商品には、その供給元を示すブランドないし会社名が表示されている。しかし、これは必ずしもその製品が、そのブランド名の会社によって製造されたとは限らない。今日では、外部委託業者に製品の製造を委託（アウトソース）することが、当たり前のように行われている。

例えば、携帯電話のような製品は、ブランドを有するメーカーが自社で設計し、自社（もしくは子会社）の工場で製造されるというのが過去のビジネスのやり方であった。しかし今日では、製造をOEM（Original Equipment Manufacturer：相手先ブランド製造）により、他社に業務委託することが幅広く行われている。時には、製品の設計すら外部委託されている場合もあり、ブランドを有する会社は商品企画やマーケティングのみ行うというのもまれではない。消費者は、製品についているブランドの会社が「作った」と感じるが、必ずしもそうでないのが現在の姿である。

従来型の自社生産を行っている場合、CSR上必要な環境配慮、労働条件などの課題は原則的に自社内で容易に把握、改善可能であり、問題が発生すれば、即座に対応をとることが可能である。一方、アウトソーシングモデルとなると、製造の契約関係はあるものの、CSR上の課題となる労務管理、環境管理などは委託先の問題となり、直接的な影響力を行使することが困難となる。

そこで重要になるのが、CSR調達である。企業はCSR調達基準を製造委託先に要請することにより、製品が作られる現場のCSRに間接的に影響力を行使するのである。

第1章　調達とCSR

(2)　どこで作られているのか？：オフショア化

　アウトソーシングと並んで、今日的な典型的なビジネスモデルは、オフショア化、すなわち自社の工場や業務委託先などのサプライチェーンを海外、特に発展途上国に移すことである。これらの動きは言うまでもなく発展途上国での安価な労働力を求めてのことである。

　現在では、オフショア化の動きは多方面に広がっており、製造拠点が海外に置かれるだけではなく、コールセンター（顧客の電話問い合わせ窓口）が中国やインドに数多く設置されている。つまり消費者の問い合わせの電話は、その流暢な日本語や英語の対応からは想像できないが、海外のコールセンターにいつの間にか、つながっているというわけである。

　もちろんここでの課題は、海外で生産された製品の品質の優劣ではない。過去はともかく、近年では高いレベルの品質マネジメントが、途上国の製造拠点でも当たり前のように導入されている。問題は、供給されるモノには直接見えてこない、生産現場やサプライチェーンでのCSRである。例えば、遵法（コンプライアンス）という点を見ても、途上国では法制度が先進国に比して未整備なケースが多く、また、法律が存在していても、必ずしも十分に執行されていないという指摘もある。経済成長を優先するあまり、労働条件や環境管理が相対的におろそかになることも懸念されている。

　このような状況下において、CSR調達により一定の基準を買い手が要求することで、海外のサプライチェーンでのCSRの取り組みを推進することが可能となる。

1.3.4　サプライチェーン構造上の課題

　これまでに述べてきたサプライチェーンの構造を理解すると、例えば川下の一企業が自らのサプライチェーン全体を確実に管理してゆくのは、現実的に不可能であることが比較的容易に想像がつく。

　その企業の「影響力のおよぶ範囲」、すなわち、直接契約関係ないし直接の取引関係にある一次サプライヤーや場合によってはその先の二次サプライヤー

程度までであれば、何とか直接的な CSR 管理ができるかもしれない。また、一次サプライヤーが商社のような場合、モノが作られている現場の管理をするには、その上流の二次サプライヤーを管理せざるを得ない。しかしながら、三次、四次と上流に遡れば遡るだけ、枝分かれにより対象数は莫大となり、そのかなりの部分が海外にあるというケースが容易に起きてくる。

(1) サプライチェーン管理の連鎖と断絶

このような状況を克服するためには、「管理の連鎖」が必要になってくる。

サプライチェーンに位置する企業それぞれが、自らの一次取引先を確実に管理することができれば、川下から徐々に管理の連鎖が起き、サプライチェーンの上流へと遡り、サプライチェーン全体が CSR 管理の中に入る理想形となる。特に化学物質を管理するグリーン調達のような場合、サプライチェーンのどこかで禁止されるべき物質がいったん混入されると、その物質はサプライチェーンの鎖に乗り、最終製品に到達してしまうので、きちんとした管理が行われないと、確実にリスクが増える。もちろん、途中で管理の連鎖が切れる可能性もないわけではない。

そのような状況が起こる原因としては、例えば買い手企業とその取引先との力関係がある。買い手が大企業、売り手が中小企業という関係の場合、CSR 調達の要求は比較的容易に受け入れられやすい。言うまでもなく、中小企業は優良顧客である大手企業との契約を失いたくないので、多少の無理があっても要求を満たす努力を怠ることはないであろう。しかし、買い手と売り手の企業規模が逆転した場合、それがさらに下流の大企業からの要求に基づいたものであっても、中小企業からの要求は、理解が得られにくいかもしれない。もちろんこの関係に影響を与えるのは、その要求の妥当性、必然性であるのは言うまでもない。

また、サプライチェーンの川中企業が CSR 調達の対象を限定した場合、連鎖の途切れが発生する。もちろん川中企業が手を抜いているわけでなく、リスクアセスメントを用いて CSR 管理対象の絞り込みを行っているのだが、そのリスクアセスメントや絞込みのやり方が、川下企業の CSR 調達の趣旨にかな

うものでなかった場合、そこで断絶が起こってしまうことになる。

(2) CSR調達要求事項の共通性

　もうひとつの問題は、サプライチェーンの絡み合いに関連するものである。川中に位置する企業は、複数の川下企業（調達企業）から異なるCSR調達の基準を要求されることがありうる。この調達基準の違いの度合いにもよるが、川中企業は、似て非なる書類をそれぞれの顧客である川下企業向けに複数準備する必要が生じることになる。また、場合によっては似たような監査を何度も受けなくてはならないなどの負担を強いられることがありうる。

　この状況に鑑みれば、1.1節においてみたように、CSR調達の分野では、何らかの共通化が大きなメリットをもたらすことが期待される。CSR調達の共通化には、要求事項そのものの共通化、調査票や質問表の共通化、監査項目や教育項目の共通化や共同実施などが考えられる。ただし、共通化はすべての業種にわたって行う必要性はない。それは逆に矛盾も生じやすく、本来の趣旨に反することになる可能性も高い。

　したがって、CSR調達の共通化は、業種ごとに行われるのが最も有効であるといえる。同業種であれば、対応すべきリスクや法規制などCSR調達の目的を共有しているため、要求項目やその要求の深さにおいても調整がとりやすい。共通化が行われれば、前項で述べた連鎖の断絶も起こりにくくなるだろう。もちろん、現在のグローバリゼーションの状況に鑑みれば、その共通化が国際的なものであることが好ましいのは言うまでもないことである。

　すでにいくつかの先進的な業種では、国際的な枠組みでCSR調達の共通化が進められている。これらの動きを中期的に見れば、CSR調達が、一般的で、こなれたものとなるころには、CSR調達の共通化の効果により、サプライチェーン全体でのCSRの連鎖と効率化が実現していることが期待される。

1.4 CSR調達を行わないことによるリスク

　企業のCSR活動の一環として、CSR調達が広く導入されつつあるが、その背景には何があるのであろうか。「持続可能な社会を実現するためのサプライチェーンも含めたCSR活動の実践」と言えば聞こえはよいが、取り組みを進めれば進めるほど膨大になりうるコストをかけてまで、CSR調達は実行すべきものなのであろうか。

　実行すべきひとつの大きな理由は、「CSR調達を行わないことによるリスク」である。ここに関連してくるリスクは、従来のような単純なビジネスリスクだけではない。これまでは意識されていなかったさまざまなステークホルダーに起因するリスクが、CSR調達には関係しているのである。この節では、CSR調達にかかわる多様なリスクを取り上げ、ステークホルダーとの関係をみてみたい。

(1)　ブランドリスク

　「CSR調達を行わないことによるリスク」の筆頭はブランドリスクであろう。1990年代に、スポーツ用品メーカーが、発展途上国にあるその協力工場で児童労働が行われているという指摘を受けた事件はあまりに有名である。これを契機として、マスメディアによる報道により「搾取工場」のレッテルを貼られた企業は、NGOや消費者による激しい不買運動に直面することになった。当時、協力工場とはいえ、自社工場でないサプライヤーの生産現場での人権、労働問題がこのような大きな問題に発展したことが、CSR調達が一般化した大きな契機であることは言うまでもない。この結果、衣料品業界などでは、協力工場の監査を徹底的に行い、その結果をCSR報告書等で対外的に情報開示し、透明性を高める努力を行っている。

　特に近年は、NGOや消費者団体がグローバル企業に対する監視を強め、問題を指摘する行動はますます力を増してきている。必ずしも日本ではこのような潮流はそれほど顕在化していないが、欧米では当然のこととしてメディアの中でも頻繁に取り上げられる状況になっている。グローバルに高いブランド価

値を有する企業にとって、イメージを著しく傷つけられないサプライチェーンのCSRは、ブランドリスクの観点からも必須になってきている。

(2) IR(Investor relations：投資家)リスク

サプライチェーンの問題に起因し、不買運動などが発生すれば、その企業の株価に打撃を与えることは想像に難くない。しかし、そのような問題に発展する段階以前でも、投資家の目は厳しくなってきている。世界的に規模が拡大しつつあるSRI(Socially responsible investment：社会責任投資)も、サプライチェーンのCSR管理を重要視しており、SRIの調査票(質問表)には、ほぼ必ずCSR調達に関する質問が盛り込まれている。しかし、もはやこれは単なる調査にとどまるものではない。世界的に大きな影響力を持つことで知られる英国FTSE社のSRIのインデックス(指標)FTSE4Goodは、CSR調達方針を持たない企業を、そのインデックスから除外する措置をすでに取り始めている。もしインデックスからはずされれば、このインデックスに基づき投資を行っている、年金基金などのSRI投資家からの資金が引き上げられることになり、その企業の株価に多少なりとも影響することになる。これらの動きは、投資家がサプライチェーンのCSR問題を株価に影響を与える大きなリスク要因とみていること、さらにCSRの先進企業にとって、CSR調達を当然行うべき経営上の施策とみなしはじめていることの表れだと考えられる。

また、特に米国で顕著になってきたものとして株主行動がある。SRIの投資家やその企業の株を購入したNGO、消費者団体などが、株主総会の場で、直接、経営陣にサプライチェーンのCSR管理を正す場面は、時折見られる光景となっている。このような動きが日本の株主総会の場でみられるのも、それほど遠い日のことではないかもしれない。

(3) 調達リスク

CSR調達が要求されているか、されていないかにかかわらず、サプライヤーが、CSRマネジメントを適切に実施していない場合に起こりうるリスクもある。サプライヤーが、環境基準への違反など重大な法律違反を犯したり、安

全や防災マネジメントが不十分なことに起因する火災や人身事故、周辺地域に環境汚染を伴うような事故が発生した場合、行政から操業停止措置を受けたり、製造ラインそのものが停止し、納入されるべき品物が、必要なタイミングで調達できない事態に陥る可能性もある。また、労働者の不満に基づく、労働争議の発生により大規模なストライキが発生する事例も近年増加している。これらのCSR課題は、サプライヤーの安定的な操業という観点からも近年ますます重要性を増してきている。サプライヤーの財務リスクや品質、納期といった従来型の調達での重要項目に加え、CSR面の配慮が不十分だと、思わぬところで足元をすくわれかねないのがこのリスクである。

(4) 販売リスク

1.3節に述べたように、欧州などでは、製品に含有する化学物質を厳しく取り締まる法律が、次々に導入されている。これらの法律に適切に対応するためには、サプライヤーの管理が重要であるが、部品に含有する化学物質のグリーン調達が不十分な場合、納入された部材に禁止された物質が混入する可能性は否定できない。仮にその部材を使った製品が有害物質規制に抵触することになれば、その製品の出荷が不可能となり、ビジネス上、多大なダメージを受けることが想定される。この場合、単に部品のコストだけではなく、製品にすでに組み入れられた有害物質含有部品の入れ替えや、場合によっては、不適合品の市場回収など、大規模なコスト増に発展する可能性がある。また、そのような事態に陥れば、連鎖的に、ブランドリスク、IRリスクへと発展してゆくのは避けがたいことである。

また、上記の場合は最終製品を製造販売する川下企業で考えられる例だが、サプライチェーンの川中、川上に位置する企業にとっては、顧客企業から提示されたCSR基準への不適合が起こった場合、取引停止や特定商品の納入停止などの問題に発展することもありうる。

以上のリスクをまとめると、次ページの図表1-6のようになる。

ここまで、特にリスク側面について述べてきたが、CSR調達は必ずしもリ

図表1-6　CSR調達を行わないことに伴うリスク

リスクの種類	重要なステークホルダー	想定されるリスク
ブランドリスク	NGO、消費者	不買運動 ネガティブキャンペーン
IRリスク	株主、投資家	株価下落 株主行動
調達リスク	サプライヤー	サプライヤーの操業停止 調達品の供給停止
販売リスク	行政、消費者、顧客企業	商品のコンプライアンス違反 商品の回収、改修 ビジネス顧客への納入停止 ビジネス顧客からの返品

スクマネジメントの施策に限定されるわけではない。すべてのリスクを裏返せば、これらはすべて先進的にCSR調達に取り組む企業にとってのチャンスとなりうるものである。

　着実にCSR調達を行うことにより、CSR的でも質の高い商品を供給できれば、CSR購入やグリーン購入を意識する顧客の獲得につながることはもとより、中長期的には顧客の信頼に基づいた高いブランドイメージの形成に寄与することも期待できる。

　CSR調達は、導入する仕組み、対象範囲などによって、その運用コストが大きく変化しうるものである。CSR調達を導入する企業は、その業種の特性、サプライチェーンの構造、そしてここに述べたリスクや機会を慎重に見極めながら適切な進め方を選択していくことが極めて重要であるといえる。

1.5　CSR調達の要求事項

　本節では、CSR調達で一般的に取り上げられる代表的な要求事項について

概説する。CSR 調達の要求事項は、企業が CSR 活動を行うための必要最小限の項目が網羅されている場合が多い。1.2.2 項で述べたように、グリーン調達の一部で納入品(モノ)に対する要求がある以外は、企業のマネジメント上の問題、すなわち方針の有無、その実効の確保などにかかわる要請であるのが通例である。また、特に対象となるサプライチェーンが海外の発展途上国にある場合も多く、先進国ではほとんど問題とならない項目が含まれる傾向が強い。

このような理由から、全世界に一律に同様の要求事項を適用する場合でも、運用においては注目すべき点が地域によって変わる場合もある。また、これらの CSR 調達の要求事項(ないし要請事項)をどの程度の強制力をもって運用するかは、その企業の判断による。要求事項への不遵守があった場合、取引停止や損害賠償の請求といった強い措置から、強力な措置を発動する前に改善のための一定の時間的猶予を与える、強硬な措置はとらず教育プログラムを提供するなど、さまざまな運用形態が考えられる。次に代表的な要求項目を挙げ、概要を解説する。

1.5.1 コンプライアンス(法令遵守)

法令遵守は、必ずしも CSR 調達の基準として明示されない場合もある。しかしながら、CSR 活動の基礎はコンプライアンスにあるといっても過言ではない。一般に法規制は、次に述べる他の要求事項の分野にも、程度の差はあれ存在しており、本来深い関係を持っているため、最も基礎的な要請事項といえる。

対象となる法令は、国家レベルの法律、政令はもとより、その企業が事業展開する自治体の条例などであり、それらへの遵守が要求される。例えば、自治体への各種の届出義務や自治体独自の排水基準などが設けられている場合も多く、きめ細かな対応が要求される。

1.5.2 人権

ILO 条約、国連グローバル・コンパクト、OECD 多国籍企業ガイドライン

などで言及されている人権上の課題が取り上げられるのが、一般的である。

(1) 児童労働の禁止

ILO条約138条および182条などに定義される、一定年齢以下の児童の就労の禁止を要請するものである。条件となる年齢は、操業国の法規制を基準とする場合、あるいは国際条約などに準ずる場合がある。この条項は、労働により児童の教育機会が損なわれるのを防止するためである。

しかし、近年では、この種の条項の影響による児童労働の取り締まりのため、生活上の必要性から労働が必要な児童が、より劣悪な労働環境に身を置かざるを得ないという懸念も指摘されている。そのため、代替として、教育機会の提供や一定年齢以上での再雇用の保証などの措置が行われる場合もある。

(2) 強制労働の禁止

ILO条約29条および105条などにより定義される強制労働の禁止を要求するものである。

肉体的虐待を含む奴隷的な労働はもとより、債務的労働、すなわち長期の労働契約期間を終了するまで賃金の未払い等により、労働を強制するなどの措置を防止することを目的としている。

(3) 差別の禁止

ILO条約100条および111条などに定義される権利を含む差別の禁止を要請するものである。人種、性別、宗教上の信仰、政治信条、障害の有無、HIV/AIDSなど病気への感染、妊娠などによる差別を防止することを目的としている。

1.5.3 労働

ILO条約や国連グローバル・コンパクト、OECD多国籍企業ガイドラインなどで言及されている労働関連の課題などが取り上げられる。

(1) 結社の自由、団体交渉権の保証

ILO条約87条、98条に定義される権利などに関連する結社の自由や団体交渉権に関する条項であり、労働者の権利保護を目的としている。要求事項としては、操業地域の法規制への準拠や国際的な基準等への適合を求める場合がある。

(2) 長時間労働の防止

労働者の権利保護を目的に、超過勤務など労働時間への制限を加える、一定の割合での休暇の設定などが要請される。

(3) 最低賃金の保障

労働者が受け取るべき賃金が、その国の法律などで規定されている最低賃金を上回っていることを保障することに関する要求。

1.5.4 安全衛生

労働者の保護のための、安全衛生上への配慮を要求する。具体的には、OHSAS18000のような労働安全マネジメントシステムの導入、安全衛生教育の実施、薬剤など危険物を取り扱う場合の防護具着用はもとより、危険物取り扱い作業者に一定以上の年齢制限を設けるなどの要求が行われる。

1.5.5 環境

環境に関する要求事項は、前章で述べたように、グリーン調達の基準としてCSR調達と独立して要求される場合もあるが、これらを含めて、大きく「モノ」に直接かかわる要請と企業の「マネジメント」にかかわる要請がある。

(1) 納入品にかかわる要請

電子部品など納入品にかかわる要求では、特定の化学物質の含有を一定の濃度以下に抑えるような要求が一般的である。この要求を確実に担保するために、納入品に指定された化学物質が含有していないことを宣言する宣誓書や化学物質含有情報の成分表、測定データなどの提出が要求される。

一方、LCA(Life Cycle Assessment：ライフサイクルアセスメント)上の必要性から、納入される物品が生産される際の環境負荷(エネルギーの使用量など)の情報を要求するケースも散見される。

(2) 環境マネジメントにかかわる要請

環境に関しては、多様な考え方での要求が行われる。まず、マネジメントシステムの要求という意味では、環境マネジメントシステム ISO14001 の認証取得やそれに準ずる簡易型のマネジメントシステムの導入を要求する場合がある。また、上記の納入品の化学物質管理に特化したマネジメントの導入を要求する例がある。

一方、より具体的に地球温暖化防止(省エネなど)、廃棄物のリサイクル、化学物質のリスクマネジメントなどを要求する場合もある。特に、省エネ法の導入により、今後、荷主責任の観点から、物流業者に対し低公害車の導入など温暖化防止措置を要求する動きや、CO_2 排出量に関する情報開示の要求が起こることが予測される。

1.6 原材料調達における CSR 配慮

これまで取り上げてきた CSR 調達は、B to B の取引におけるサプライチェーンで社会・環境配慮を求めるものであった。産業構造を遡れば、その最上流には自然資源を源泉とした農産物や鉱物の使用にいきあたる。自然資源の減少、枯渇が顕著になってきたことから、原材料の調達において持続可能な取り組みを要請する動きが強まっている。環境問題に関連するため、グリーン調達と同

じものと思いがちだが、B to B の環境対策とは異なる。「もうひとつの CSR 調達」にも目を向ける必要がある。

　原材料の採掘現場においては、途上国での大規模な開発プロジェクトについて、NGO が環境破壊や人権擁護について強い運動を繰り広げている。その対象が国連や政府だけでなく、多国籍企業にも向けられてきた流れに CSR の基点がある。

　自然資源の供給が限られる一方で、新興市場での人口の増加や産業の進展によってこうした資源の争奪はますます激しくなっており、すでに産業や生活への影響が現れはじめている。自然資源を適切に使用し確保していかなければ、未来の経済活動が先細りになり事業を存続できないことになる。原材料調達での CSR 要因は、将来の経営戦略のうえで大きなリスクにもなるのである。

1.6.1　自然資源をとりまく実態

(1)　鉱山開発での資源問題

　鉱山の開発や操業は大きな環境社会影響を伴う。日本では、1870 年代の足尾鉱毒事件以来この問題に手を打ってきたが、国内で鉱山操業が行われなくなった今日、サプライチェーン管理の中で、海外の鉱山操業についても対応が求められる。

　国内では当然の環境対策も、海外では不十分なケースはまだ多い。地下水の枯渇や閉山した鉱山からの浸出など、従来の環境問題を超える被害も多く発生している。さらに鉱山開発の現場では、新たな「鉱山の町」が形成されることになり、それまで育まれてきた地域の文化・経済に、良きにつけ悪しきにつけ大きな影響を与える。経済を優先して先住民の生活を踏みにじるという行為は、もはやどの地域でも受け入れられない。

　限りある資源の争奪という事態も深刻である。鉱物資源を求めてさらに奥地に開発が入り込むことで、環境問題の被害を広げることにもなっている。

(2) 激減する漁業資源

この50年の間に、マグロ、カジキなど、海洋性の大型捕食性魚類の少なくとも90%がとりつくされてしまった[7]。過剰漁獲に加えて、多くの地域で漁業資源を支えるさんご礁などの生態系破壊、乱開発、水質汚濁、エルニーニョ現象による海水温の上昇、さらには、これらの複合的な作用が漁業資源に悪影響を与えてきた[8]。漁獲増の余地が残されているものは23%に留まるといわれている。一方で、52%の種が生産限界に達しているかそれに近い状況にあり、残りの24%は過剰漁獲または枯渇状態にある[9]。

日本は、量・金額ともに世界第1位の水産物輸入国(輸入額で23%)である。魚介類の一人当たりの年間消費量(食用)は60～70kgで、北米のほぼ3倍、中国やEUの2倍以上である(1989～2001年の平均)。世界の水産資源の枯渇、海洋環境の保全、養殖漁業の環境負荷において日本が及ぼす影響は多大であり、世界から日本を見る目が非常に厳しくなっている。持続可能な漁獲とは、環境保護のためだけでなく、今後魚介類の供給そのものを続けていくうえで、今すぐ取り組まなければならないことである。

1.6.2 原材料調達でのサプライチェーンの特徴

自然資源からの原材料の採取を生業とするビジネスは、グローバルレベルでの取引が基本であり、この点からいくつか共通の特徴がある。サプライチェーンマネジメントを展開するうえで、自然相手ならではの課題をCSR調達として組み込むことが求められる。

(1) 資源分布の偏在性

そもそも地球上の自然資源は、発展途上国の地域に集中している。資源の地

---

[7] 『Nature』2003年5月号
[8] 財団法人地球・人間環境フォーラム:『発展途上国における原材料調達のグリーン化支援事業』、2005年
[9] FAO, *Review of the State of World Marine Fishery Resources*, 2005

理的な偏在分布から、資源を採掘する事業所がこうした地域に集中することになる。この現象は、特に鉱物資源で顕著である。資源の集積する場所に人間が移動しそこで操業することになるので、経済性だけを視野に置き、その地域での生態系や文化などを考慮しないまったく新しい産業圏が形成される。こうした産業活動が、自然資源の成長、回復する余力内であれば人類は自然との共存、つまり持続可能な発展の範囲で操業できるが、現実にはこの容量を超えた過剰な採取や乱獲が繰り広げられている。生産地域が消費地と地理的に隔絶された遠距離に置かれているために、管理や監視が十分にきかない。距離は物理的、地理的なものにとどまらず、情報通信手段の未整備もこれに加わり、ますます問題が放置され悪化する事態を招いている。

(2) 不透明な取引慣行

資源分布の地理的特性から、資源を必要とする国と保有する国が選択の余地なく明確に分かれる。途上国の保有する資源は、消費国の産業、生活に不可欠である。このため、取引には国境をまたいださまざまな事業主体がかかわることになる。工業製品に比べてサプライチェーンそのものは単純だが、追跡しようとしても実態がつかみづらい。特に原産国の国家体制や政情が不安定なため取引慣行が不透明な場合もあり、資源の原産までの追跡を難しくする原因ともなっている。

1.6.3　企業にとってのリスク

かつては国内の自然の恵みでまかなわれていた農・海産物などの食料資源も、今や世界各国からの大量な輸入によりわが国の食生活は成り立っている。工業製品ばかりでなく、自然にかかわる産品のビジネスにおいても、グローバルレベルでのCSR対応の必要性に迫られており、これが経営上のリスク要因にもなっている。

(1) 資源枯渇リスク

　資源の枯渇は、原材料の不足となって産業活動の制約に直結する。現存の資源量が先細りになることに加え、今後限られた資源を急成長する新興市場国と争奪することになる。国家の生命線としての資源をどうやって確保していくか、これが産業にも大きく影響する問題である。さらに原材料だけでなく、水資源の枯渇も深刻である。農産物の育成には、それを育成する水の供給が必要であるが、世界のいたるところで、水不足のために充分な収量が確保できない事態になっている。地球規模での環境問題が事業のリスクに発展している。

(2) 評判リスク

　自然環境や地域住民の人権にかかわる活動をするNGOは、世界中にネットワークを広げ、連携しあっている。政府機関よりも機動性や地域密着性、そして専門性に優れており、社会問題の解決に向けて実務を担う活動をするだけでなく、企業の活動を監視するミッションを持つ団体も多い。こうしたNGOは常に企業の活動に目を光らせ、企業に解決に向けて改善を求める忠告などを行う。NGOのキャンペーンのターゲットになるとNGO会員間のネットワークに一気に情報が流れ、メディアもこれを取り上げるなどして、またたく間に悪評が広がり、事業に損害を被る欧米企業の事例も多い。ここでは企業価値を高めるというポジティブな評判ではなく、企業価値を損なわないための防御的な意味合いが大きい。日本企業も一歩海外に出れば、このようなリスクにさらされているのであり、グローバルなブランディングにはNGOの目に留意したリスク管理が欠かせない。

(3) 操業停止リスク

　地域とのトラブルなどがこじれれば、操業がやりにくくなるだけでなく最悪の場合には停止を余儀なくされることもある。シェルによるサハリンでの石油・天然ガスの開発プロジェクト（サハリンⅡ）は、環境対策への不十分さが理由で工事の承認を取り消されることになった（2006年9月19日時点）。今回の判断にはロシア政府による資源獲得の思惑が背後にあるといわれているが、環

境問題が財務や政策意思決定において重大な影響を及ぼす要因になっているといえよう。このサハリンⅡには日本の商社も多大な投資をしており、産業活動にとって避けて通れないリスクになっているのである。限られた資源の争奪は、これからますます激しくなる。その地域全体の生態系と人類の営みまでが事業決定に影響することをよく理解しておく必要がある。

　工業製品の生産拠点は地理的な要因には左右されにくい。しかし自然資源の採取、採掘をビジネスとする企業にとっては、操業する地域を限定せざるを得ない。地域に配慮し労力を提供しあって糧を分かちあうために企業として行うべき行為が「操業のための免許」(License to operate)であり、企業の善意いかんにかかわらず、そこに立ち入る者の要件としてCSRを果たすことが求められている。

参 考 文 献

・谷本寛治：『企業の社会的責任とステイクホルダー』、中央経済社、2004年
・伊吹英子：『CSR経営戦略』、東洋経済新報社、2005年
・日本電気(株)(鈴木均ほか編著)：『実践的CSR経営の進め方』、日科技連出版社、2004年
・日経CSRプロジェクト編：『CSR企業価値をどう高めるか』、日本経済新聞社、2004年
・独立行政法人労働政策研究・研修機構：『労働政策研究報告書 No.45 グローバリゼーションと企業の社会的責任』、2005年
・Ethical Corporation, *Ethical Corporation Magazine*, 2004年1月～3月
・『ニューズウィーク』、2005年6月15日号
・谷口正次：『入門・資源危機―国益と地球益のジレンマ』、新評論、2005年
・海野みづえ：「欧米CSR最新事情」『週刊東洋経済臨時増刊号　最強CSR経営』、2005年12月

第2章 CSR調達の国際規格およびイニシアティブ

第2章　CSR調達の国際規格およびイニシアティブ

　CSR調達の推進において、政府機関が自らの調達にCSR基準を盛り込む役割は大きい。日本の公共調達はグリーン購入にとどまっているが、国際機関およびヨーロッパの政府機関ではCSR調達がすでにはじまっている。一方、企業にCSR調達を求める動きは、企業がステークホルダーと連携し、そこで規格や規範を策定するという方法が主流である。ここでは労働問題にかかわるSA8000や電子業界サプライチェーンにおける行動規範など主要な枠組みを紹介する。最後に、現在検討されているISO26000（社会的責任規格）および情報開示のためのGRI（Global Reporting Initiative）ガイドラインのなかで、CSR調達に関連する部分を解説する。

2.1　政府のCSR調達

2.1.1　政府のCSR調達の意義と限界

　政府が財・サービスの調達基準に環境・社会的要素を包含させる動きがある。CSR公共調達の意義には、企業にCSRに取り組む動機を与えるという直接的効果に加え、政府のCSR重視姿勢を明確にする「広報」効果もある。CSRを促進するために政府に期待されるさまざまな役割の中でも、公共調達は最も直接的な政府の関与だからだ。また、特定の規格を要件にすることによってその規格の普及をねらうこともある。例えばイタリアはSA8000の認証件数で全体の38.1％を占め、インド、中国を上回り1位となっている。その大きな理由は、トスカーナ州をはじめイタリアのいくつかの地方政府が、同認証を取得した企業を公共調達上優遇する規定を有していることである。

　政府は最終消費者としての性格が強い。第1章の「調達」と「購入」の定義に従えば、一般にいわれる「政府調達」はむしろ「政府購入」と表現するほうが正確なことが多い。しかし、CSRの文脈においては、一般に政府調達という文言が使用されることから、ここでは「政府（公共）調達」に統一する。また、

環境面のみを基準とする公的機関のグリーン購入は、第1章で概観したとおり制度的に確立されつつあり、かつ、環境対応は数量化が相対的に容易である点で「ソフト」な社会的課題と性格を異にする。したがって、ここでは主に社会的課題と公共調達の関係から政府の CSR 調達を考える。

企業が CSR 調達を実施する際にもさまざまな困難を乗り越える必要があるが、主体が政府である時には、その性格に起因する特有の問題がある。EU における政府の CSR 調達を巡る次の2つの対照的見解は、政府が置かれている状況を象徴している。

［見解1］

> EU 全体で政府調達は毎年、GDP の16％に当たる1兆5000億ユーロにのぼる。持続可能な発展を支えるべく政府資金を使うことは、環境、社会、倫理的目的を達成するための重要な道だ。最低の価格が常に最高の価値というわけではない。EU の加盟国政府に対して我々の社会と環境のために CSR 調達ルールを機能させるよう求める。

（資料）*"Making the most of public money"* 2004 The Social Platform 他より一部筆者が要約。

［見解2］

> 政府調達に CSR 条項を盛り込めば開かれた透明な調達が危機にさらされる。CSR 基準は倫理的に使われるのみではなく保護主義的にも使われ得る。我々は EU 各国が CSR 基準を政府調達に導入することに反対である。

（資料）*"EUROCHAMBRES' POSITION AT THE EUROPEAN MULTISTAKEHOLDER FORUM ON CSR"* 2003 EUROCHAMBER より一部筆者が要約。

最初の見解は、ヨーロッパの社会、労働、環境分野の9つの NGO が共同して発表した CSR 調達推進を求める運動声明だ。後者はヨーロッパ1500の商工会議所を代表する欧州商工会議所が CSR 調達に反対を表明したものである。

日本国内でもCSRの重要性が強く認識されつつある。政府の積極的施策を求める声も大きい。他方、同時に政府調達の透明性が今日ほど強く求められている時はない。欧州商工会議所の主張が単なる杞憂だとは言いきれない。政府は説明責任から逃れられないからである。例えば10％の価格差がある際にCSR上の理由であえて高い価格を提示した企業から調達することを、国民の誰もが納得できるように説明することはそう簡単ではない。

　CSR政府調達の是非を巡る議論に接すると、筆者は一種の既視感にとらわれてしまう。それは1990年代前半に遡る。GATTウルグアイラウンド終結後、国際社会が新しい通商ルールを模索する中で4つの「ニューイシュー」と呼ばれるテーマが登場した。そのひとつが「貿易と労働」である（他の3つは「貿易と環境」、「貿易と競争」および「貿易と投資」）。強制労働や低賃金労働など「不公正」な労働が関与して作られたモノの輸入を、輸入国政府が制限することを制度的に容認すべきか否かが焦点であった。筆者は当時の通産省通商政策局において論戦の前線に身を置いていた。日本政府は、労働者保護という美名は容易に「偽装された保護主義」に転化する恐れがあり、労働を理由にした貿易制限は自由貿易体制を危機にさらすとの立場をとった。欧州商工会議所の見解と比べていただきたい。

　10年前の「貿易と労働」を当世風に翻訳すれば、政府が輸入制限措置の発動によってCSR調達を制度的に裏づけるべきという主張になる。例えば児童を労働力として使っているベトナムの工場が製品をアメリカに輸出しようすれば、調達企業が思い煩うまでもなく、アメリカ政府がその製品の輸入を阻止すべき、というわけだ。しかし、政府の直接介入の過程にはさまざまな政治的思惑が絡みうる。

　逆に、今日の「CSR公共調達」を90年代の言葉を使って表現するならば「調達と労働」となる。もちろん輸入制限は「制裁」であり、調達は「奨励」であるとの整理は可能だ。しかし、本質的にCSRに取り組まない企業が相対的に不利に扱われる点では共通する。政府が直接的に制限する対象が「輸入」であるのか「調達」かという差異にすぎない。

　ただし、両者は命運を異にするようにみえる。1990年代の「貿易と労働」

論争は反対派の勝利に終わり、国際的な政策アジェンダから姿を消した。政府のCSR調達はいくつかの国で実際の制度の中に生命を得つつある。

2.1.2　基礎となる条約、法制

実は政府調達を労働条件と結びつけることは、1949年にILO条約94号においてすでに認められている。もっともヨーロッパを見渡しても、フランス、ベルギー等批准国は限定的であり、イギリス、ドイツなど多くの国が批准していない。日本も未批准国のひとつである。

ILO条約94号（正式名称：「公契約における労働条項に関する条約」）

　この条約は、公の機関を一方の契約当事者として締結する契約においては、その契約で働く労働者の労働条件が、団体協約または承認された交渉機関、仲裁裁定あるいは国内の法令によって決められたものよりも有利な労働条件に関する条項を、その契約の中に入れることを決めたものである。
（中略）
　こうした契約の中に挿入された労働条項が遵守されなかったり、あるいはその適用を怠る場合には、適当な制裁が行われることになっている。
　したがって、この条項の有効な実施を図るために十分な監督制度の設置について考慮しなければならない。

（資料）ILO駐日事務所資料

　上記ILO条約よりも大きな影響を与えている法令が、EUの政府調達指令である。EUの「指令」は、加盟国政府の法令の上位に位置づけられる。加盟国は一定の裁量を与えられながらも、「指令」の内容に則した国内法規を整備しなければならない。

　2004年に改正されたEU政府調達指令は、下記の条件を満たす場合に限り加盟国が政府調達基準に環境・社会基準を導入することを認めた。環境・社会

基準導入が義務づけられたわけではない。あくまで導入は各国政府の判断に委ねられるが、改正指令はCSR公共調達へのEUの「お墨付き」として広く注目を集めた。

改正政府調達指令が政府によるCSR調達に付した条件
　─入札条件および契約書に明確に記述されている場合
　─自治体・政府が達成しようとする課題に関連性を持っている場合
　─調達する自治体・政府に無制限な選択の自由が与えられるようになっていない場合
　─EU法令の基本的指針に合致している場合

（資料）日本機械輸出組合：『企業の社会的責任を巡るEU政策動向に関する報告書』、2005年

2.1.3　ヨーロッパの現状

ヨーロッパにおいて、CSR公共調達が本格化しているとまで言えるかどうか判断が難しい。CSR調達と題されている場合も、実態上グリーン購入であることが多い。イギリス政府が2004年に発行したCSR報告書にも、公共調達は環境基準との関係で述べられているにとどまっている[1]。欧州委員会雇用社会総局による2003年時点での情報では、CSR調達について政策を有している国は加盟25カ国中8カ国であり、しかも、そのすべての国が実際にCSR調達を実施しているわけではない。例えばスウェーデンは「政府は現在環境・社会基準を公共調達に導入することを検討している」という状況にとどまっている[2]。しかし、ここ1～2年、一部で動きが顕著になっている。

各国の政策の波頭をとらえることは容易でないが、ヨーロッパをはじめ海

---

1)　イギリス貿易産業省：*Corporate Social Responsibility Government Update 2004*
2)　欧州委員会雇用社会総局ホームページ
　　http://ec.europa.eu/employment_social/emplweb/csr-matrix/csr_topic_allcountries_en.cfm?field=14

外の政策動向について国内有数の知見を有している日本機械輸出組合が CSR についても調査を実施している[3]。その中でベルギーの事例を、同組合の報告書[4]とベルギー政府の発表資料[5]から検討する。

　ベルギーは EU の中で CSR 公共調達に最も積極的姿勢を見せている国のひとつである。同国は他国に先駆け、2001 年に公共調達に社会条項を導入した。ベルギー連邦政府は同年「持続可能な購買ガイド」を発表し、自動車、ＩＴ機器、台所・洗濯器具、事務所用家具等 13 品目についてそれぞれ環境基準と社会基準を設けた。両基準を満たす製品はベルギー市場に流通する製品の 20％ と見積もられている。仮に足切り基準に使われれば、製品の 8 割が連邦政府の調達の対象から外れることになる。一例としてＩＴ機器の中のパソコンの公共調達基準をみてみよう。

(1) 環境基準

　EU エコラベルの基準を満たす製品が調達される。そのような製品が市場にない場合は消費電力、静粛性、製品寿命、危険物質の不使用、リサイクル包装材使用などの基準で選定される。

(2) 社会基準

　ベルギー社会ラベルの基準を満たす製品が調達される。そのような製品が市場にない場合は ILO 条約の結社の自由、団体交渉権、強制労働禁止、差別の禁止、児童労働禁止等中核的労働基準の遵守が条件とされる。自社による遵守のみならず、子会社、下請け、二次下請け等による遵守も条件とされている（なお、ベルギー社会ラベルも、ILO の中核的労働基準がサプライチェーンを通して遵守されていることを求めている）。

---

3) 日本機械輸出組合ホームページ
　http://www.jmcti.org/jmchomepage/eu_csr/index.htm
4) 日本機械輸出組合：『企業の社会的責任を巡る EU 政策動向に関する報告書』、2005 年
5) ベルギー連邦政府ホームページ
　http://www.guidedesachatsdurables.be/fr/productfiles/fiche.asp?product_id=2

パソコンの公共調達の社会基準から明らかなとおり、CSR に関するサプライチェーンマネジメントが、事実上政府調達の条件となっている。さらに、仮に非遵守状態が発生した、場合には迅速な対応策をとることも条件に入っており、問題が発生した際には、サプライヤーとともに問題解決にあたることが政府調達の条件となっている事実は注目に値する。

2.2 CSR 調達にかかわる各種の枠組み

2.2.1 マルチ・ステークホルダー・イニシアティブ(MSI)による展開

　企業に CSR 調達を求める動きは政府主導ではじまったものではない。むしろ法制度でカバーしきれない隙間の問題を NGO や市民団体が指摘し、企業の対応を継続的に監視してきたという動因が大きい。この動きは 1990 年代のはじめからはじまり、1990 年代中ごろには衣料品産業を中心に、主要ブランド企業がサプライチェーン対策を行っていた。当初は個別問題の草の根運動であり企業も個々に対応していたが、問題が社会的に顕在化するにしたがい、企業にとっての経営へのリスクも無視できなくなる。そこで、ステークホルダーと企業側が連携していく場として、共有する問題を解決するためのマルチ・ステークホルダー・イニシアティブ(Multi-Stakeholder Initiative: MSI)が展開されている。

　1990 年代に発展したこのプロセスは、当初は反対をとなえる強硬な NGO の懸念を企業が聞くという対話のスタイルからはじまったものが多い。特定の団体と特定企業というピンポイントから進め、これにラウンドテーブルで同じ問題に直面する複数企業の参加を得て、ネットワークを作っている。さらに対話だけでなく、両者が共通の方向を目指せる規格や規範を策定し、それを企業が遵守し NGO が監視するという形に発展させている。

　国境をまたぐという問題の性質もあり、政府が主導する動きはほとんどない。

むしろ、問題意識を強く持ち、また地元の住民や労働者の支持基盤を持つ民間の団体のほうが行動力にも優れていて、より信頼が大きい。日本企業はこれまでほとんど MSI に関与してこなかったが、これから取り組むうえで、これまでの流れや欧米企業のかかわり方を学ぶことは CSR 調達の第一歩である。

まず CSR 調達の中で最も問題になっている労働問題では、SA8000 を取り上げる。この分野では、このほかに ETI(Ethical Trading Initiative)の Base Code や FLA(Fair Labor Association)の Workplace Code of Conduct などがある。また、2004 年にアメリカの電気電子産業界が共同で策定した、電子業界サプライチェーンにおける行動規範には日本企業も参画し、国内の業界基準のベースともなっている。原材料調達については分野ごとに展開されており、そのうち森林、海産物、鉱山操業を取り上げる。森林管理には各種の認証制度があるが、ここではその中で最も早く導入され、世界でも一番普及している FSC(森林管理協議会)について概説する。

2.2.2　SA8000 ── 労働認証

(1)　SA8000規格の概要

1)　SA8000 規格制定の背景

労働に関する独自の行動規範を策定しサプライヤーにも規範への遵守を求める企業が、1990 年代前半から増えてきた。しかしながら、規定された内容がサプライヤーの工場において実際に守られているかどうかの確認までを行う企業は少数であった。一方サプライヤーにおいては、複数の調達企業からそれぞれ異なる行動規範への遵守を求められることもあり、対応に苦慮する状況もみられるようになってきていた。また、企業が自らの手で自らを監査することに対し、NGO や消費者といったステークホルダーから、信頼性を疑問視する声もあげられた[6]。

このような状況の中で、企業の社会的責任にかかわる取り組みをより実効

---

[6] "SA8000 the definitive guide to the new social standard" 2001、1 章

性のあるものとし、その信頼性や透明性を高めるために、1997年に客観的に検証可能な統一規格として生まれたのがSA8000である。SA8000規格およびその認証スキームの策定にあたっては、アメリカのNGOであるCEPPA(後にSocial Accountability International: SAIと改称)を中心に、諮問委員として産業界、人権NGOや労働組合等国際的かつ多様なステークホルダーが参画した。

2) SA8000の適用範囲

SA8000のSAは"Social Accountability"の略で、通常、「社会に対する説明責任」と訳されているが、その内容は労働者の権利保障に特化している。SA8000規格は、ILO条約をその基礎とし、ISO9001やISO14001などのマネジメントシステム規格の枠組みを採用している。具体的な要求事項は以下の項目で構成されている。

図表2-1 SA8000の要求事項

1.	児童労働	15歳未満の児童労働の禁止；ILO条約138に示された途上国例外規定に従って14歳に設定されている地域では、その最低年齢；児童労働が発見された場合にはその救済措置を図る。
2.	強制労働	囚人労働や奴隷労働を含む強制労働の禁止；預託金や身元証明書の提出を求めることの禁止
3.	健康と安全	安全で衛生的な労働環境の提供；労災を防止するための手段の策定；定期的な従業員向け安全衛生研修の実施；危険源の特定と対応；トイレや飲料水等の設備
4.	結社の自由と団体交渉権	労働組合の結成および参加と団体交渉権の尊重；結社の自由が法的に規制されている場合は、それと同等の手段を促進すること
5.	差別	人種、階級、出身、宗教、障害、性別、同性愛者、労働組合への加盟や政治的所属、年齢による差別の禁止；セクシュアルハラスメントの禁止
6.	懲罰	精神的・肉体的抑圧、言葉による虐待などの体罰の禁止

7. 労働時間	法定労働時間の遵守。また最低でも週1日の休日と1週間48時間以内の労働とする；自主的な残業に対しては残業手当を支払い、残業時間は週12時間を超えないものとする；残業が団体協約にて同意されている場合は、短期間の必要に限り残業を要求することも可能
8. 報酬	週間労働時間に対して支払われる基本給は、法的および業界の基準に沿ったものでなければならない。また、労働者およびその家族の基本的ニーズ（裁量所得）に対応しなければならない；懲戒的な減給の禁止
9. マネジメントシステム	方針の策定、計画および実施、継続的モニタリング、要員教育、マネジメントレビュー、外部コミュニケーション、是正処置の実施、サプライヤーの管理

　なお、9項のマネジメントシステムでは、継続的遵守と改善の仕組みとともにサプライヤー管理にかかわる要求事項が規定されており、自社だけでなくサプライヤーに対してもSA8000要求事項への遵守を求めている。
　これらの要求事項は、企業の業種や規模、地域の違いにかかわることなく適用することが可能である。また、SA8000の規格自体は、外部の審査機関による認証を伴う第三者監査だけではなく、第一者監査（組織内部自らに対するモニタリング）や第二者監査（サプライヤーに対する監査）に用いることも可能である。

3）認証スキーム

　SA8000の認証を受けるには、認定機関であるSAIより認定を受けている認証機関による審査を受ける必要がある。初回登録審査（文書審査→現場審査→登録の判定）で規格の要求事項が満たされていることが確認されると、3年間を有効とした認証登録が行われるが、登録を維持するには、半年ごとに維持審査を、さらに3年ごとに更新審査を受審する必要がある。
　SA8000の現場審査は、次ページの図表2-2で示した要領で行われる。

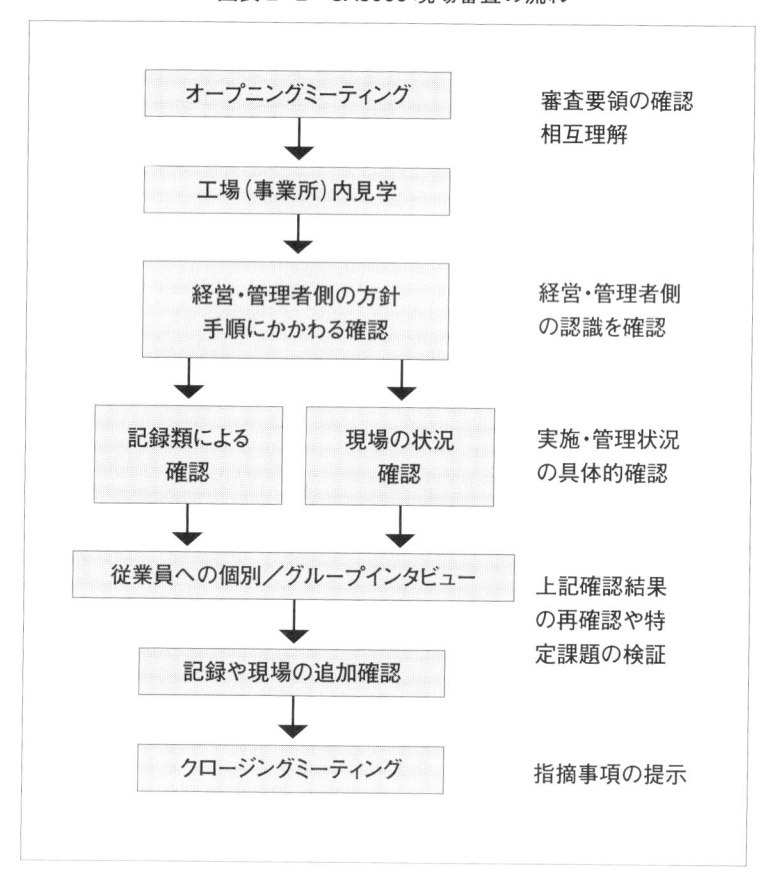

図表 2-2　SA8000 現場審査の流れ

```
オープニングミーティング    審査要領の確認
        ↓                  相互理解
工場（事業所）内見学
        ↓
経営・管理者側の方針        経営・管理者側
手順にかかわる確認          の認識を確認
        ↓
記録類による    現場の状況    実施・管理状況
  確認           確認        の具体的確認
        ↓
従業員への個別／グループインタビュー    上記確認結果
        ↓                              の再確認や特
記録や現場の追加確認                    定課題の検証
        ↓
クロージングミーティング    指摘事項の提示
```

4) SA8000 認証の実績

　SA8000 の認証を受けている事業所は 2006 年 6 月時点で 1038 件となっているが、1 年前と比べ 1.5 倍の伸びを示している。産業分野別の内訳は図表 2-3 のとおりとなっており[7]、業種の数は 58 業種と多岐にわたっていることが伺える。なお、国別では、イタリア(38.1%)、インド(15.8%)、中国(12.4%)の順

---

7)　http://www.sa-intl.org　SA8000-Certified Facilities Summary Statistics

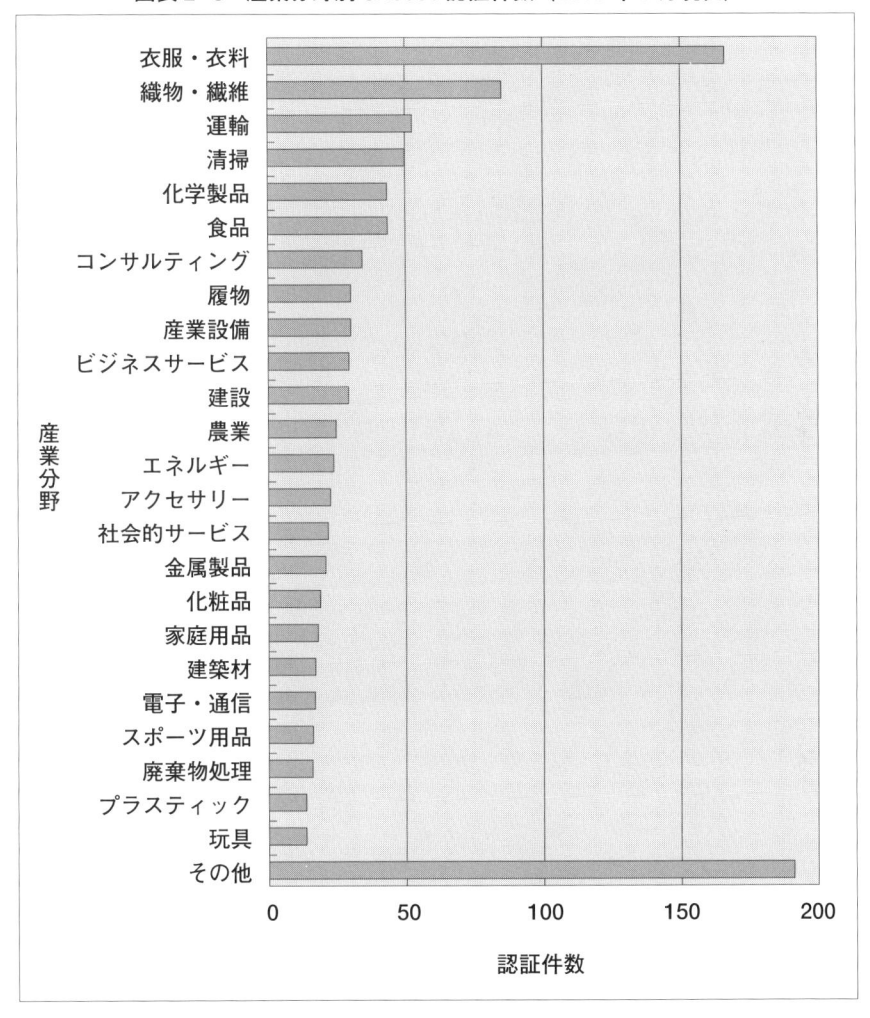

図表 2-3 産業分野別 SA8000 認証件数（2006 年 6 月現在）

産業分野	認証件数
衣服・衣料	約165
織物・繊維	約85
運輸	約50
清掃	約48
化学製品	約42
食品	約42
コンサルティング	約32
履物	約28
産業設備	約28
ビジネスサービス	約27
建設	約27
農業	約22
エネルギー	約20
アクセサリー	約20
社会的サービス	約18
金属製品	約18
化粧品	約16
家庭用品	約15
建築材	約14
電子・通信	約14
スポーツ用品	約13
廃棄物処理	約12
プラスティック	約12
玩具	約11
その他	約190

となっている。

(2) SA8000規格の特徴

SA8000 要求事項の主な特徴として、以下の5点が挙げられる。

1) パフォーマンスにかかわる要求事項

　ISO9001やISO14001と異なり、システムにかかわる要求だけではなく、パフォーマンスにかかわる要求が各項目に含まれている。例えば児童労働の撤廃においては、15歳未満をひとつの基準として定めており、労働時間の管理については、一週間に行われる通常労働は48時間までと定めている。また、報酬の保障においては、生活を保障するうえでの地域における裁量所得の保証を求めている。

2) 法令遵守にかかわる要求

　SA8000では、国内法や地方条例をはじめとした関連法規、および組織が同意したその他の要求事項への遵守を求めているが、規格の要求事項と法令などの要求事項が同様の問題を扱っている場合には、最も厳しい基準を適用することになっている。

3) システム化要求

　SA8000における文書化要求は、SA8000の方針書や児童労働の救済、教育奨励の方針や手順書のみに限られている。このことからも、サプライヤー管理の仕組みを除けば手順を新たに構築する必要はなく、既存の法令遵守の仕組みを基礎として、計画→実施→確認→改善（Plan Do Check Act：PDCA）のシステムを整えていくことが可能である。

4) サプライヤー管理の仕組み

　製品やサービスの生産、提供の流れを上流に遡り、その生産にかかわる全ての労働者の権利が保障されることを求めている。具体的には図表2-4の要件を満たすことが求められる。

5) 情報公開

　ステークホルダーに対し、積極的に情報を開示することが求められている。

2.2 CSR調達にかかわる各種の枠組み

図表2-4　SA8000のサプライヤー管理についての要件

管理の対象	規格では、直接契約を行っているサプライヤーだけでなく、必要に応じて、これらのサプライヤーに製品を納入している業者やサービスを提供している下請け業者も管理対象とすることを求めている。
サプライヤーへの要求	規格は、以下の事項を含む遵守宣誓書をサプライヤーより入手することを求めている。 　a.　SA8000規格の要求事項への遵守[1] 　b.　監査活動への協力 　c.　発見された問題に対する是正処置の実施 [1]　サプライヤーにSA8000規格の要求事項の遵守を要求するということは、サプライヤーにも、その納入業者や下請け業者に対するサプライヤー管理を求めることになるため、上流に遡って、製品の生産にかかわる全ての労働者の権利が保障されることになる。
サプライヤーに対するモニタリング	規格は、サプライヤーが要求事項を満たしていることの確証を求めている。[2] [2]　確認の方法としては、第一者監査の結果（報告書）の入手や第二者監査の実施、また第三者監査認証が考えられる。取引の規模やサプライヤーの活動内容、規模、地域等に鑑みリスクに応じた管理を及ぼすことが効果的である。

(3)　SA8000審査の特徴

　審査員には審査の計画段階において、国や地域の関連法規制にかかわる十分な知識を得ておくことが求められている。また、受審組織の業種や地域に特有の問題にかかわる情報を入手しておく必要もあり、その一環として、NGOや労働組合といったステークホルダーの意見を確認することも有効と考えられている。

　また、従業員へのインタビューは、SA8000の現地検証活動における大変重要な要素となる。経営・管理者側の説明や記録類のみで判断を行うのではなく、必ず従業員インタビューを行い、裏付けを取りながら結論を出す必要がある。

　SA8000の審査は、ISO9001やISO14001の審査と同様に規格の要求事項が満たされているかどうかの適合性という観点から確認を行うことになるが、

SA8000では法規制の遵守を要求事項として求めているため、法規制に対する違反が認められた場合は、原則として認証登録は認められない。

(4) SA8000の効果と課題

SA8000に取り組むことで、企業はCSRへのコミットメントを継続的に推進できる。また、国際統一規格であるから、企業の取り組みに対する透明性や信頼性の確保も可能となり、サプライヤーに対する重複監査を回避することも期待される。ただし、SA8000は労働者の権利保護に焦点があてられている。CSRという、より広い観点からみれば、環境や社会貢献、また高潔性にかかわる項目は含まれていない。したがって、各企業における必要性や価値観を取り組みに反映させるためには、さらなる工夫が求められることになる。

2.2.3　電子業界での行動規範の共通化の動き ── EICC と JEITA

(1) 海外での動き

イギリスの人権団体であるCAFOD(Catholic Agency for Overseas Development)は、2004年1月にアメリカのHP、Dell、IBMに対してサプライチェーンにおける労働条件の改善を求めた[8]。これがきっかけとなって、電子産業界でサプライチェーンへの取り組みを共同化する動きが起こり、2004年10月、HP、Dell、IBM各社が協力し電子業界サプライチェーンにおける行動規範(以下、電子業界行動規範、Electronic Industry Code of Conduct: EICC)を発表した[9](図表2-5参照)。

この行動規範には、CSRで求められるほとんどの要素項目が包含されている。その後、この取り組みには3社以外に主要EMS(Electronics Manufacturing Service：電子機器受託生産)企業、ソニーやマイクロソフト、インテル、

---

8) 独立行政法人労働政策研究・研修機構：『労働政策研究報告書No.45　グローバリゼーションと企業の社会的責任』、2005年　102ページ参照。
9) http://www.consultnet.ie/csrmayjun05.htm

図表2-5　電子業界行動規範の概要

A：労働
　①雇用の自主性
　②児童労働
　③差別
　④非人道的な扱い
　⑤最低賃金
　⑥労働時間
　⑦結社の自主性

B：安全・衛生
　①機器装置の安全対策
　②労働環境衛生
　③労働環境安全
　④緊急災害時対応
　⑤労働災害・職業的疾病
　⑥身体的な負荷のかかる作業への配慮
　⑦寮施設と食堂の衛生管理

C：環境
　①製品含有物質規制
　②化学物質と環境汚染物質
　③排水と廃棄物
　④大気汚染
　⑤環境許可証と(行政)報告
　⑥汚染防止策や省資源化

D：CSRマネジメントシステム
　①会社のコミットメント
　②経営者の責任
　③法律と顧客要求
　④リスク評価とリスク管理
　⑤活動目標、実行計画、測定
　⑥教育、研修
　⑦コミュニケーション
　⑧従業員フィードバックと参画
　⑨監査と評価
　⑩改善措置
　⑪文書化と記録

E：企業倫理
　①汚職・恐喝・横領の禁止
　②情報公開
　③不適切な利益供与・受領
　④公正な事業・広告・競争
　⑤内部通報制度(告発者のプライバシー保護)
　⑥地域への貢献
　⑦知的財産権の保護

（NEC抄訳）

シスコなどのアメリカを中心とする電子業界の有力企業が参画している。また、CSR を推進するアメリカの企業団体である BSR(Business for Social Responsibility)が中心となり、EICC を世界の電子産業界のサプライチェーン向け行動規範としてデファクト・スタンダード化させようとの動きがあり、ヨーロッパや日本を含むアジアの企業にも参画を求めている[10]。

ヨーロッパにおいては、国連環境計画(UNEP)とブリティッシュ・テレコム、ドイツテレコム、ボーダフォン、エリクソンなどの情報通信企業が中心となって、「持続可能な社会作りへの貢献を目指す連合(Global e-Sustainability Initiative: GeSI[11])」が 2001 年以来結成されている。この連合も CSR 調達とその協働を重視し、サプライヤーに対する CSR 指標などの共通化を検討している。これには、人権 NGO や国連などから、希少金属コルタン(携帯電話などの部品に使われるタンタルの鉱石)の需要急増により、主要産出国であるコンゴで児童労働などの人権問題や環境破壊にまで発展している問題点が指摘されてきた背景がある。この部品のユーザーの立場から、問題の解決への協力を求められている。

最近は、EICC と GeSI のグループが共同で、リスク評価やセルフチェックツール、監査方式や監査結果の共有化のための仕組みを整備するなど、両者の統一に向けての進展がみられる。

以上のとおり、欧米の電子産業界では CSR 調達条件の共通化が進みつつある。この動きは、世界における主要サプライヤーで、同時にバイヤーでもある日本企業に対しても影響を与えつつある。

(2) 国内の動き― JEITA(社団法人電子情報技術産業協会)

国内の電子業界でも、CSR 調達条件の共通化の動きがみられる。電子業界の主要企業が、JEITA を通じ、共同で CSR 資材調達の共通ガイドラインとなる「サプライチェーン CSR 推進ガイドブック」を策定し、2006 年 8 月 9 日、

---

10)『EE Times』2004 年 11 月 10 日付
11) http://www.gesi.org/

この内容を発表した[12]。これにはEICCの動きにみられるように、欧米の電子業界でCSR調達の動きが活発化し、グローバルサプライチェーンの一角を占める日本企業にも影響が及んできたこと、業界の特徴として資材調達先に共通性があること、またCSRに関する共通理解やサプライヤーとのコミュニケーションを支援するツールが求められていることなどの背景がある。NECをはじめ国内の電子業界33社で構成されるJEITA「資材委員会」において、2005年から検討が進められてきた。

このガイドブックは「CSR項目の解説」編と「チェックシート」編から構成される。サプライヤーの自己評価と「気づき」に配慮した内容であること、電子業界に求められる共通的なCSR項目を網羅し、上述のEICCとも高い親和性を持っており、国内だけでなくグローバルに適応できる点が特徴として挙げられる。また、サプライヤー自身が「チェックシート」を通じてCSR推進の仕組みと実態把握についてのセルフチェックができるようになっている。今後はグローバル対応に向けて、英語版および中国語版の制作も予定されている。

CSR調達に対する業界での協働した取り組みは、国内でははじめてである。この取り組みは、共通の取引先を持つ業界の特性から、売り手と買い手の双方にメリットをもたらし、また途上国を中心とする中小サプライヤーでの取り組みの実効性を考えると大変意義がある。さらに、電子業界の裾野の広さや他産業への影響力の強さから、国内でのCSRの普及を加速させるきっかけになる可能性がある。

JEITAのCSR推進ガイドブックの項目とEICCとの比較表を図表2–6に掲載する。この比較表から、EICC共通購買指針の項目は、品質・安全性、情報セキュリティなど事業に直結する領域は個々の事業活動の範疇として除外され、CSR上の共通イシュー、すなわちグローバリゼーションの「負」の側面にかかわる内容が中心に構成されていることがわかる。一方、JEITAのガイドブックには、品質・安全性や情報セキュリティなど、事業に直結する領域や温室ガス排出量削減、従業員の健康管理など、日本企業が比較的得意な分野も

---

12) 社団法人 電子情報技術産業協会（JEITA） http://www.jeita.or.jp

第 2 章　CSR 調達の国際規格およびイニシアティブ

図表 2-6　JEITA／サプライチェーン CSR 推進ガイドブックの項目と EICC との比較表

JEITA 項目		EICC 項目	
大項目	中項目	大項目	中項目
人権・労働	強制的な労働の禁止 非人道的な扱いの禁止 児童労働の禁止 差別の禁止 適切な賃金 労働時間 従業員の団結権	労働	雇用の自主性 非人道的な扱い 児童労働 差別 最低賃金 労働時間 結社の自主性
安全衛生	機械装置の安全対策 職場の安全 職場の衛生 労働災害・労働疾病 緊急時の対応 身体的負荷のかかる作業への配慮 施設の安全衛生 従業員の健康管理	安全・衛生	機器装置の安全対策 労働環境安全 労働環境衛生 労働災害・職業的疾病 緊急災害時対応 身体的な負荷のかかる作業への配慮 寮施設と食堂の衛生管理
環　境	製品に含有する化学物質の管理 製造過程で用いる化学物質の管理 環境マネジメントシステム 環境への影響の最小化(排水・汚泥・排気など) 環境許可証／行政認可 資源・エネルギーの有効活用(3R) 温室効果ガスの排出量削減 廃棄物削減 環境保全への取組み状況の開示	環境	製品含有物質規制 化学物質と環境汚染物質 — 大気汚染 環境許可証と(行政)報告 汚染防止策や省資源化 — 排水と廃棄物
公正取引・倫理	汚職・賄賂などの禁止 優越的地位の濫用の禁止 不適切な利益供与および受贈の禁止 競争制限的行為の禁止 正確な製品・サービス情報の提供 知的財産の尊重 適切な輸出処理 情報公開 不正行為の予防・早期発見	企業倫理	汚職・恐喝・横領の禁止 — 不適切な利益供与・受贈 公正な事業・広告・競争 — 知的財産権の保護 — 情報公開 内部通報制度(告発者のプライバシー保護)
品質・安全性	製品安全性の確保 品質マネジメントシステム		— —
情報セキュリティ	コンピュータ・ネットワーク脅威に対する防御 個人情報の漏洩防止 顧客・第三者の機密情報の漏洩防止		— — —
社会貢献	社会・地域への貢献	(企業倫理)	地域への貢献
—	(管理の仕組みについてはチェックリストでカバー)	CSR マネジメントシステム	会社のコミットメント 経営者の責任 法律と顧客要求 リスク評価とリスク管理 活動目標、実行計画、測定 教育、研修 コミュニケーション 従業員フィードバックと参画 監査と評価 是正処置活動 文書化と記録

含め、CSR 関連イシューが網羅的に掲載され、国内の企業、特に中小のサプライヤーには理解しやすい内容になっている。

2.2.4　FSC（森林管理協議会）──森林認証制度

(1)　FSC森林認証制度設立の背景
　1990 年代に入り、地球的規模での森林破壊や劣化を抑えようとする機運が急速に高まった。森林の消失や劣化の問題に対する人々の懸念は、結果として、適切に管理された森林からの木材・木材製品に対する需要の増加をもたらした。しかし、こうした需要増大は多くの異なったラベルが林産物に付けられ宣伝されるという結果を導き、誤解を生じさせてしまった。そこで、多様な形で行われている認証制度を確認し、混乱を避けようという努力がさまざまなグループによって行われた[13]。

　その結果、森林管理の認証における国際基準を設定するため、1993 年、環境・社会活動にかかわる団体や、先住民団体を含む林業にかかわるさまざまな団体のサポートを得て、非営利組織として FSC（Forest Stewardship Council：森林管理協議会）が設立された。現在、協議会の本部はドイツのボンにある。

(2)　FSC（森林管理協議会）認証制度の概要
1)　認証の種類
　FSC の認証制度には、適切な管理がなされている森林を認証するケース（森林管理認証）と加工流通過程の木材や木製品を認証するケース（CoC認証：加工の流通過程の認証）の 2 つがある。
・森林管理認証　（Forest Management Certification）
　FSC では、適切な森林管理とはどのようなものであるかについて具体的な基準を示している。これが次に示す森林管理に関する 10 の原則であり、各原則に沿った 56 の基準に基づいて森林を評価し、認証が授与される。

---

13) FSC 日本推進会議設立準備局のウェブサイトより。　http://www.fsc-japan.org/

> 原則1. すべての法律や国際的な取り決め、そしてFSCの原則を守っている。
> 原則2. 森林を所有する、あるいは利用する権利が明確になっている。
> 原則3. 昔から森に暮らす人々(先住民)の伝統的な権利を尊重している。
> 原則4. 地域社会や労働者と良好な関係にある。
> 原則5. 豊かな収穫があり、地域からも愛され利用される森である。
> 原則6. 多くの生物が棲む豊かな森である。
> 原則7. 調査された基礎データに基づき、森林管理が計画的に実行されている。
> 原則8. 適切な森林管理を行っているかどうかを定期的にチェックしている。
> 原則9. 貴重な自然の森を守っている。
> 原則10. 人工林の形成が自然の森に影響を及ぼしていない。

・CoC認証(加工流通過程の認証／CoC: Chain of Custody Certification)
　加工流通過程で、認証された木材や木製品が他の製品と区別、認識されているかを評価する。認証された製品には図表2-7のFSCロゴマークを表示することができる。

図表2-7　FSCのロゴマーク

FSC-SECR-0020　　FSC Trademark © 1996 Forest Stewardship Council A.C.

2) 認証スキーム

FSC の認証機関は世界で 15 あり、その内の 5 機関(ISO 審査機関は 1 機関のみ)が日本において審査を実施している。森林管理認証は原則、予備審査と本審査の 2 段階審査であるが、CoC 認証は本審査のみである。いずれも本審査において FSC 原則と基準の要求事項が満たされていることが確認されると、5 年間有効の認証登録が行われる。登録を維持するには、1 年ごとに維持審査を、さらに 5 年ごとに更新審査を受ける必要がある。

3) FSC 認証の実績

国内外において森林管理認証件数および認証面積は着実に増加傾向にある(図表 2-8 参照)。2006 年 3 月末現在、認証件数は 817 件、認証面積は約 7400 万ヘクタール、また CoC 認証件数は 4583 件である。日本では、森林管理認証 24 件、認証面積は約 27 万ヘクタール、CoC 認証 298 件となっている。

図表 2-8　国別認証上位 5 カ国

	森林管理認証		CoC 認証	
	国名	面積(ha)	国名	件数
1	カナダ	16,139,208	アメリカ	522
2	スウェーデン	10,444,880	イギリス	519
3	ロシア	8,919,891	ドイツ	374
4	ポーランド	6,254,882	ポーランド	336
5	アメリカ	7,158,307	日本	298

(資料)FSC 本部発表　2006 年 3 月末データより

(3) FSC認証の特徴

森林管理認証の特徴は、ISO14001 と同様なシステムの適合性評価に加え、パフォーマンス評価をすることである。また、認証取得後も継続的なモニタリングの概要情報を公開するなど積極的な情報公開が求められている。一方 CoC 認証の特徴はシステム認証ではなく、ISO9001 におけるトレーサビリテ

ィと類似の要求事項が適用される製品認証である点だ。認証を受けた最終製品にFSCロゴマークが表示でき、アピールすることができるが、木材および木材由来のさまざまな製品の品質を保証するものではない。

(4) FSC審査の特徴

審査は、FSC原則と基準の要求事項が満たされているかどうか適合性の度合いを評価する。実施にあたっては受審組織の現地言語が使われるが、審査報告書は現地語に加え、英語またはスペイン語で書くことがFSCにより求められている。

森林管理認証においては、現場審査で森林管理の専門性を有する地域専門家を1名から3名同行することが求められている。また、本審査の前には、審査機関には受審組織を代行し、ステークホルダーに対するアンケート調査等を実施し、審査対象森林および受審組織が特に大きな問題を抱えていないことを確認することが求められている。アンケート調査等の結果によりステークホルダーから重大な苦情やコメントがあることが判明した場合には、その問題が解決するまで審査は見合わされる。

(5) FSC認証の効果と課題

適切に森林管理を行い、効果を上げるには、認証取得後の各組織の革新的取り組みが必要である。しかし、認証取得したことだけでも消費者から注目を浴びることになり、消費者に対する企業イメージの向上による拡販効果とともに、新規取引ルート開拓の可能性も高まる。

CoC認証の効果としては、FSC認証製品は消費者が手にする木材由来の取引履歴をたどることができるため、消費者が求めている「環境に配慮した安心な製品」としてブランド化できる。また、在庫管理が改善でき、業務の効率化を図れる。課題としては、認証面積は世界の森林面積のわずか数パーセントにすぎず、まだCoC認証製品の販売量が少ないことである。また、認証製品としてのブランド化はできても、一般製品よりも必ずしも高くは売れないことから、消費者の意識を喚起することも必要である。

2.2.5 MSC（海洋管理協議会）——持続可能な漁業の認証

（1） 持続可能な漁業が求められる背景

2002年のヨハネスブルグ・サミットにおいて持続可能な漁業の必要性が再認識され、行動計画に枯渇した漁業資源の回復や、違法・無報告・無規制漁業の防止、過剰漁獲を助長する補助金の撤廃などが盛り込まれた。その背景には、漁業資源の危機的な状況がある。大型トロール船、延縄漁船が各海域で広範に操業している状況が、多くの大型魚類に大きなダメージを与えてきたことに加え、漁業資源を支えるサンゴ礁などの生態系の破壊、乱開発、水質汚濁、エルニーニョ現象による海水温の上昇、およびこれらの複合的な作用が、漁業資源および海の生物多様性への脅威となっているのである。

こうしたなか、FAO（国連食糧農業機関）は、1995年10月、「責任ある漁業のための行動規範」を策定した。本行動規範は法的拘束力を持つものではないが、持続可能な漁業の概念を明確に示し、権威づけた点が評価される。1999年3月のFAO漁業閣僚会合において、「責任ある漁業のための行動規範の実施に関するローマ宣言」が採択され、参加各国（129カ国）は本行動規範実施のコミットメントを示した。

（2） MSC（海洋管理協議会）による漁業認証制度

一方、持続可能な漁業に関する規範をより実務的に展開させるための取り組みとして、MSC（Marine Stewardship Council：海洋管理協議会）による漁業認証制度が挙げられる。これは、大手食品会社ユニリーバ（本社：イギリス・オランダ）と国際環境NGOのWWFのパートナーシップを通じて実現した。魚の冷凍食品を扱うユニリーバは安定的な供給先を求め[14]、またWWFは漁業の持続可能性を反映させた市場プロジェクトの可能性について関心を抱いた。

14） MSCのルパート・ホーズ氏は「MSCの立ち上げの背景には、カナダ東部のタラ漁の破綻がある」という（地球・人間環境フォーラムが2005年12月に行ったインタビュー）。過剰漁獲などにより、タラの水揚げ量が激減し大量の失業者を生む大事件だった。

両者は持続可能な漁業をエコラベルおよび認証事業通じて実現しようと、FSC（森林管理協議会）認証を参考にして、1997 年に MSC を設置したのである。

MSC の漁業認証は、基本三原則に照らして持続可能な漁業を第三者機関によって認証する仕組みである。漁業者は、マネジメントシステムを構築し、その実施体制を整備することで認証を取得する。MSC がシステム全体を管理し、認証機関を認定する。各認証機関が MSC 基準に照らして漁業や流通・加工段階における認証を行う。こうした仕組みは、ISO14001 や FSC の認証と同様である。

MSC の 3 原則 [15]

1. 漁業は、対象個体群の過剰漁獲やそれによる枯渇につながらない方法で行われなければならない。枯渇した個体群に関しては、その回復を論証できる方法でのみ実施されるべきである。
2. 漁業活動は、その漁業が依存する生態系（生息域、依存種や生態学的関連種も含む）の構造、生産力、機能、多様性を維持できるものでなければならない。
3. 漁業は、地域や国内、国際的な法や規制を尊重した、また、資源利用が信頼でき持続的であることを要求する制度および運営が行われる体制を組み入れた、効果的な管理システムを必要とする。

〈基準〉
上記の原則を実施するために、具体的な基準を規定している。以下はその主要な基準である。
A. 管理システム基準（以下を含む 11 項目）
  ・持続的な漁業を行うための長期的な目標を作ること。また、すべての関係者を協議プロセスに取り込まれなければならない。
  ・漁業の規模や影響度に見合った調査計画を作成し、結果を公表する。
  ・資源の利用規模をはっきり示し、管理する戦略を策定する。
  ・漁獲の超過が行われた場合のため、法規遵守などの手続きを持つこと。

---

15) 原則および基準については、WWF ジャパンによる解説を引用　http://www.wwf.or.jp/

B．運営上の基準（以下を含む6項目）
- 生息地に与える影響を最小限にする適切な漁法を実施する。
- 毒物や爆発物を使うような破壊的漁法は行わない。
- 漁具の紛失、オイル漏れなど作業中の無駄を最小限にする。

さらに流通・加工段階では、認証された製品がその他の製品と分別管理できていることを認証する（CoC認証）。漁業認証、CoC認証双方の認証が取得できて、はじめてMSCのラベル（図表2-9参照）が製品に付けられる。現在までに、14の漁業が認証を得ており、20件が評価中、320のMSCのラベル付の製品が欧米を中心に流通している。

図表2-9　MSCの認証ラベル

(3) MSCの利点と課題

事業者にとってMSC認証を取得する魅力として、以下のものが挙げられる。
- 持続可能な漁業に貢献しているという企業・漁業者の評判、ブランドを確立できること
- MSC認証取得を通じて経営改善を図れること
- 環境にこだわる顧客向け商品による売上増
- 漁業資源の枯渇やNGOからの批判などのリスク回避

例えば、ドイツのフリーデリック社は、MSCを利用し、持続可能性やアラスカの手つかずの海洋生態系を訴えるマーケティング戦略で売上を劇的に伸ばした。その他、ミグロ、センズベリー、マークス＆スペンサーなどヨーロッパの小売チェーンが積極的にMSC商品を扱い、なぜMSC商品を扱うかという

説明とともに店頭に並べている。

　しかし、MSC 商品はまだまだ少数であり、認証に時間とコストがかかるのも事実だ。また供給量が非常に限られている。このため、ユニリーバは、「すべての魚を、2005 年までに持続可能なストックから調達する」という自社の公約を果たすために、自らサプライヤーへの働きかけや評価を行っている。マークス＆スペンサー（本社：イギリス）は、MSC 商品を積極的に取り扱うほか、資源、生態系配慮などの視点から 20 種の魚種を取り扱わないという方針を立て、また、海洋保全協会の消費者向け魚種のデータベース作成を支援している[16]。

(4)　日本企業での展開

　日本は世界最大の水産物の輸入国であり、世界中の漁場からの魚介類がスーパーに並ぶ。しかし、MSC の認知度は非常に低い。築地の仲卸である亀和商店は、2006 年 4 月、日本で初めて MSC による流通過程認証を取得した。これにより、亀和商店が輸入するアラスカ産サーモンなどに MSC 認証ラベルを付けて販売することが可能になった。亀和商店の和田社長は、認証取得の動機について「市場には毎日何千トンも魚が入荷し、漁業資源の枯渇についてはなかなか気づかないが、卸をしていて供給が不安定になっていることを実感することがある。魚の乱獲が進む状態を放置していては、事業としても不安定になる。持続可能な漁業に我々も取り組む必要性を感じた」と語っている。

2.2.6　ICMM（国際金属・鉱業評議会）の基本原則

(1)　鉱山開発による地域への深刻な影響

　鉱山の開発においては、鉱山からの廃液による鉱害やテーリングダム（鉱滓池＝鉱石を精錬したときに出るカスを堆積させる施設）の決壊といった事故による汚染や健康被害が世界各地で生じている。また開発の探査から鉱山開発の段階において、生態系の消失・分断、水質影響、道路開発に伴う各種影響等が

---

16) http://www.fishonline.org

生じ、場所によっては大規模な住民移転を伴うこともある。操業中には、採掘される余分な岩石やテーリング（鉱滓）の廃棄に伴う影響、浸出水による水質汚染が大きい。大量の水の使用に伴う、地表水・地下水に影響を与えることもある。浸出水等の影響は閉山後も適切な処理を行わなければ継続し、生態系の中に有害物質が蓄積されることになる。

さらに「鉱山の町」が形成されることによる地域社会の変化、富の不公平な配分による社会の不安定化や、極端な場合は暴力的な紛争が生じることもある。

(2) 持続可能な鉱山開発のための原則

こうした状況を受け、1998年に、リオティント、BHPビリトン、アングロ・アメリカンなど、世界の非鉄鉱山・金属業界主要9社が一堂に会した。業界の企業活動が社会の期待に反していると判断し、持続可能な鉱山・金属セクターのあり方を追求するためグローバル・マイニング・イニシアティブ(GMI)を立ち上げた。

2001年には、GMIの活動を引き継いでICMM(国際金属・鉱業評議会)が発足した。現在、ICMMには13企業20団体が参加し、日本からも三菱マテリアル、日鉱金属、住友金属鉱山の3社が参加している。そして2003年5月、持続可能な開発のための枠組みである10の基本原則を作成した。

ICMMの基本10原則 [17]

1. 倫理的企業活動と健全な企業統治を実践し、維持します
2. 企業の意思決定過程において「持続可能な開発」の理念を堅持します
3. 従業員や事業活動の影響を受ける人々とのかかわりにおいては、基本的人権を守り、彼らの文化、習慣、価値観に敬意を払います
4. 根拠のあるデータと健全な科学手法に基づいたリスク管理戦略を導入し、実行します

---

17) ICMMの日本語訳による。　http://www.icmm.com/

> 5. 労働安全衛生パフォーマンスの継続的改善に努めます
> 6. 環境パフォーマンスの継続的な改善を追求していきます
> 7. 生物多様性の維持と土地用途計画への統合的取り組みに貢献します
> 8. 責任ある製品設計、使用、再利用、リサイクル、廃棄が行われるよう奨励し、推進します
> 9. 事業を営む地域の社会、経済、制度の発展に貢献します
> 10. ステークホルダーと効果的かつオープンな方法でかかわり、意思疎通を図り、第三者保証を考慮した報告制度により情報提供を行います

　ICMM の会員企業は、この 10 の原則をパッケージとして遵守しなければならない。会員がこれらを遵守しているかどうかの確認・報告が必要となるため、GRI(Global Reporting Initiative)との連携により、2005 年 1 月、GRI ガイドラインの鉱山・金属業の補足文書を作成した。この作成プロセスには、産業界以外にも、先住民、労働団体、社会開発 NGO(Oxfam International)、環境 NGO(IUCN、WWF オーストラリア)、投資家、世界銀行グループが参加した。

　GRI パフォーマンス指標については、既存の指標に鉱山・金属業向けの注釈を付けるとともに、この業界に特有の新しい指標も規定している。

> ＜鉱山・金属業に特有のパフォーマンス指標：環境＞
> ●生物多様性
>   ―全保有地、生産・採掘地の広さ（開発地、回復地の区別）
>   ―生物多様性計画を実施している、また計画が必要な事業地
> ●原材料
>   ―二次原料の使用率
> ●原材料に関するスチュワードシップ
>   ―環境効率の評価、持続可能性に関連する特性
> ●採掘・鉱物加工から生じる大量の廃棄物
>   ―リスク評価、貯蔵施設の安全性、金属溶出、有害性

> **＜鉱山・金属業に特有のパフォーマンス指標：社会＞**
> - コミュニティ（地域社会）
>   ―地域での重大な事件、事故、苦情処理
>   ―小規模鉱山採掘でのプログラム
> - 再定住
>   ―方針と活動
> - 事業場閉鎖
>   ―閉鎖事業場の数、閉鎖についての方針、ステークホルダーの参画プロセス
> - 土地の権利
>   ―地域との権利特定プロセス、地域との紛争解決のメカニズム
> - 緊急時に対する準備
>   ―緊急時の従業員、地域、環境への対応
> - 安全衛生
>   ―職業性疾病の予防プログラム

　さらに、第10原則に記されているように、報告書の第三者保証も要請している。保証については、2006年中にこの業界での枠組みが提示されることになっている。ただし、ICMM原則の枠組みは、①開発によって影響を受ける先住民族などの「事前の、十分な情報に基づく自由な合意」取得義務が盛り込まれていないこと、②第三者保証はあくまで企業ごとであり、個別の鉱山操業の保証ではないこと、の2点について課題が残る。

(3) 監視をゆるめないNGO[18]

　産業界が率先して作成した基本原則であるが、一方のNGOではこうした企

---

18) 本節は、地球・人間環境フォーラムがイギリス、インドネシアにおいて行ったヒアリング調査による（2005年12月）。

業の取り組みをまだ不十分とみている。

「企業が美しい理念を CSR レポートで語ったところで、その企業の現地法人が地元の生態系や住民に被害を与えることはいくらでもある。企業のボランタリーな取り組みのみでは、こうした事態を解決することはできない。鉱山サイト単位での十分な情報開示と第三者によるチェック体制が必要」とインドネシアの環境 NGO Walhi のディレクターはコメントする。また WWF オーストラリアは、鉱山サイトに対する認証の可能性についての研究を進めており、将来的には鉱山の第三者認証の可能性も考えられる。

鉱業では、ステークホルダーが常に監視の目する姿勢で企業を注目視しているため、このように情報開示の要請も強い。企業の立場からの報告のみでは彼らの信頼は得られず、鉱山採掘現場での持続可能性に主眼を置いた活動の成果としての報告を求められるのである。

2.3 CSR 全般の規格

サプライチェーンの分野に特化した枠組みだけでなく、CSR 全般の規格においても、CSR 調達との関連に留意が必要である。ここでは、国際的な枠組みとして現在検討されている ISO の動きと、サスティナビリティ報告書のガイドラインとして知られる GRI ガイドラインとの関連について紹介する。

2.3.1 ISO 社会的責任規格（ISO26000）との関係

(1) SR規格策定の現状

ISO（Organization for International Standard：国際標準化機構）では、新たな WG（ワーキンググループ）を設置し、2005 年から新しい規格「SR（Social Responsibility：社会的責任）規格」の策定に取りかかっている。

これまでの議論で合意された SR 規格の骨子となる設計仕様書では、規格文書の目次と文書化にあたっての注意点が記載されている。規格の目次にあたる

部分は以下のとおりである。

```
SR規格の設計仕様書（概要）
0  序文　規格の内容、背景、目的　（背景の説明）
1  適用範囲
2  引用規格
3  用語と定義
4  SRの背景
5  SRの原則
6  核となるSRの主題／イシューに関するガイダンス
7  SRの実施に関する組織のためのガイダンス
8  ガイダンスの付属書
参考文献
```

現在、この設計仕様書に基づき、規格文書の策定が行われているが、順調に進めば、何段階かのドラフトの承認を経た後、2008年末から2009年初頭にISO26000として、社会的責任の国際規格が発行される予定である。

(2) CSR調達との関係

このISO26000が発行された際には、CSR調達にとって大きく2つの観点からの展開の可能性が予想される。

1) ISO26000がCSR調達の基準として用いられる可能性

ISO9000シリーズが導入された際、欧州の企業がサプライヤーに対し、その認証取得を取引条件に課すということが行われた。当時、品質管理に絶対の自信を持っていた日本企業は、認証取得に懐疑的であったにもかかわらず、半ば強制的に認証することを余儀なくされた経緯がある。また、前章でも述べたが、グリーン調達の中で、ISO14001の認証取得を要求する動きもある。

このISO26000についても同様に、CSR調達の基準として用いられることは十分に想定される。特に、発展途上国や中小企業では、多くのCSR基準や特定企業独自のCSR調達基準が林立することに戸惑いをみせており、国際的に

高い「ブランド力」をもつ ISO の新規格に高い期待を寄せている。この規格が、途上国の参画のもと策定され、平易な文書で記述されることも、途上国や中小企業の理解を助けると考えられる。ただし、「ISO26000 は認証を目的とする規格ではない」とされていることから、ISO9000 ファミリーや ISO14001 のように、認証取得を単純に調達条件に掲げるのは無理があると考えられる。もちろん、一部の認証機関などが、ISO26000 をベースにした独自の認証ビジネスなどを開始する可能性も否定できないが、調達先が ISO26000 を教育ツールとしてサプライヤーに広めてゆくというのが、社会的責任の本質から考えても趣旨にかなった利用法であるといえる。

2) ISO26000 が CSR 調達の推進役となる可能性

現在、規格策定作業の WG の中でもサプライチェーンの問題は、社会的責任の重要課題として議論が進められている。これまでの議論でも、サプライチェーンの問題を調達組織の社会的責任の一部とする認識が広まりつつあり、最終的な規格文書に何らかの表現が盛り込まれることはほぼ確実と思われる。

これまで世界中に多数存在している CSR 関連のガイドラインでも、CSR 調達について語られているものは、現在までのところ必ずしも多くはない。それゆえ、ISO26000 が本格的にサプライチェーン問題、SR 調達を取り上げると、CSR を実践する企業、SR に取り組む組織に大きな影響を与えることは容易に想像される。

上記のような 2 つの観点から ISO26000 が発行されれば、CSR 調達にとって無視できない影響が想定される。特に、この規格が CSR でなく、SR として対象を企業のみに限定していないこと、さらには途上国、中小企業のような小規模組織での利用を念頭に作られているということを考えると、影響は広範囲におよぶことが予想される。SR の規格文書がどのような形で落ち着くか、まだ予断を許さない状況ではあるが、今後の動きから目が離せないのは事実である。

2.3.2　GRI ガイドラインでのバウンダリーの規定

サステナビリティ報告書のガイドラインを策定している GRI (Global

Reporting Initiative)では、報告のバウンダリー(報告組織範囲)をどのように定めるかをプロトコル(付属説明書)の中で規定している[19]。これがサプライチェーンマネジメントに関連する。GRIガイドラインは、2006年中に改訂第3版(G3)が発行されることになっており、この中にもバウンダリーの記述が盛り込まれることになっている[20]。

> GRIガイドライン第3版(G3)の構成
> ・　サステナビリティ報告の概要
> ・　パート1：　報告書の内容、バウンダリーおよび品質
> ・　パート2：　標準的開示
> ・　パート3：　ガイドラインの利用と報告書の編集

(1)　G3のポイント

　G3では、報告企業自身が「何を報告すべきか」を判断し、内容を決定するプロセスを重視している。取り上げるべき課題が何であるかは、自社の事業活動によってさまざまな影響を及ぼしているステークホルダーの懸念や関心事に照らして決めていくことに主点が置かれている。さらに、話を聞くだけでなく事業活動の中で行動を起こすこと(エンゲージメント)が求められる。経営の中にCSRをどう組み込むかということである。したがって、自社にとっての課題を特定、優先順位づけし、これを指標化することで活動の成果を測ることになる。報告はこの一連の流れを外部に向けて公表することであり、課題の特定にあたっては次の流れを提唱している。

---

19)　"GRI Boundary Protocol"
20)　G3については、パブリックコメント用の公開草案(2006年1月発表)に基づいている。

> 自社の課題と関連する指標を認識する
> ↓
> 「報告内容の4原則[21]」を活用して、さらにどの課題/指標が自社にとって重要(マテリアル)であるかを判定する
> ・GRIガイドラインの中核指標群から抽出(必要なら追加指標も)
> ・GRIガイドラインの業種別指標群を活用
> ・自社に特定の指標を追加

 このように課題を特定したところで、次のステップとしてバウンダリーが適切かを確認する。

(2) バウンダリーの考え方と定義

 CSRマネジメントで留意すべきは、報告対象に含める事業体の範囲が財務での連結対象と同じではなく、サプライチェーンまで考慮する点である。ここでは資本関係にかかわらず、取引を通して直接または間接的に社会に対する問題が発生しているのであれば、調達企業の責任と考えている。
 そこで、GRIではこのような範囲をバウンダリーとして、報告する際にどの事業体(自社の事業が影響を与える組織)までを含めるべきかに留意している。バウンダリーの決定にあたっては、①報告組織が関与する管理/影響の度合い、②報告組織の事業に与えるインパクトの重大性、の2軸で評価する(図表2-10参照)。

1) ステップ1: 管理と影響を決定する
 報告組織の関与度合いについては、そのレベルによって「管理」と「影響」に区分している。

---

[21] 包含性、重要性、持続可能性の状況、網羅性の4原則

2.3 CSR全般の規格

> <定　義>
> 管　　理：企業の活動から便益を得るために、財務および業務方針を
> 　　　　　統治する力
> 多大な影響：事業体の財務および業務方針の決定に参画する力であるが、
> 　　　　　事業体の方針を管理するものではない

図表2-10　バウンダリーの決定方法と報告情報のタイプ

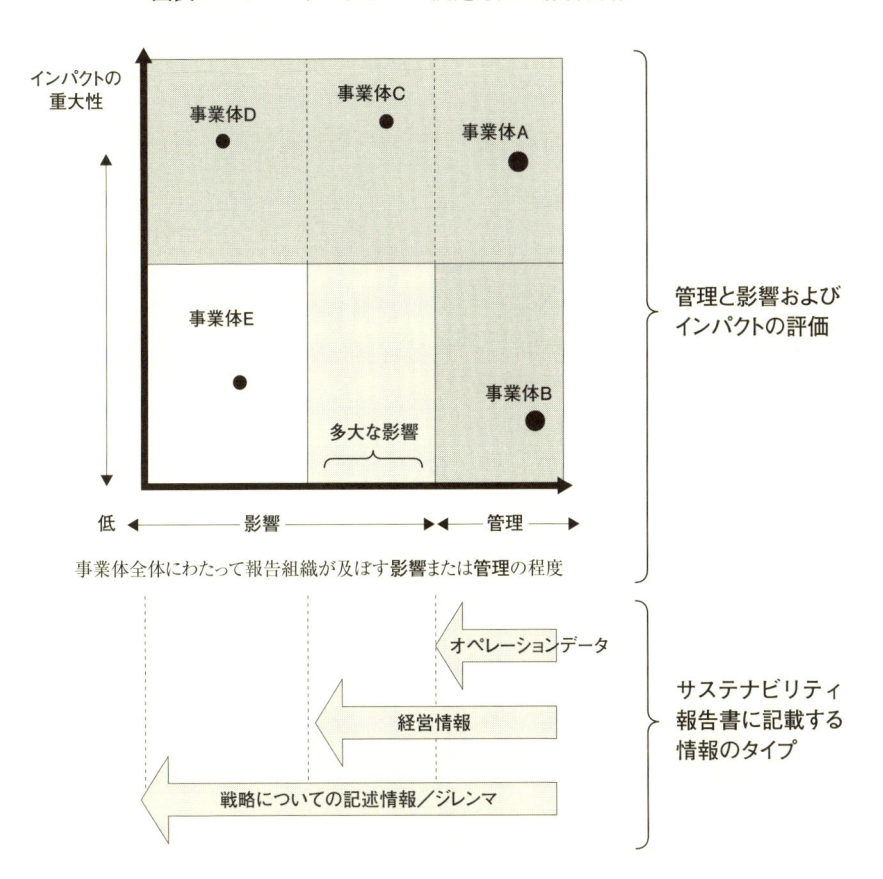

縦軸：インパクトの重大性
横軸：低←　影響　→←　管理　→
事業体全体にわたって報告組織が及ぼす影響または管理の程度

- 事業体D（左上：影響・高重大性）
- 事業体C（中上）
- 事業体A（右上：管理・高重大性）
- 事業体E（左下：影響・低重大性）
- 事業体B（右下：管理）
- 多大な影響（中央下部）

右側括弧：管理と影響およびインパクトの評価

サステナビリティ報告書に記載する情報のタイプ：
- オペレーションデータ
- 経営情報
- 戦略についての記述情報／ジレンマ

管理の対象となる事業体は、①報告組織本体、②報告組織が50％以上の支配権を所有する子会社および合弁事業、としている。また影響を及ぼす事業体のうち、特に「多大な」影響を及ぼす範囲をバウンダリーの対象としており、これについては、① 20～50％の議決権を所有する事業体、② 50％以下の支配権を所有する合弁事業、としている。さらに業種によっては、下記のような契約関係にある事業体についても検討し必要ならば含めることをすすめている。

　―報告組織のサステナビリティ・パフォーマンスに直接影響を及ぼすような契約関係にある事業体
　―事業体にとって報告組織の購買契約が多大な部分を占める場合
　―報告組織が契約条件にサステナビリティ・パフォーマンスの義務を課している場合
　―事業体のサステナビリティ・パフォーマンスに大きく影響するような技術や製品が報告組織から供与されている場合

2) ステップ2： インパクトを評価する

　2つ目の評価軸は、各事業体の活動が報告組織に与えるインパクトの大きさである。重大なインパクトとは、「定量的に計測できる指標についてパフォーマンスに及ぼす変化が顕著であるもの」を指している。またリスクマネジメントの観点から、将来このような影響を与えるであろう事業体も潜在的なインパクトとしてとらえておく。インパクトの評価レベルは、課題ごとやサステナビリティの側面ごとに異なることもあるので、それぞれのトピックで変更することもある。

3) ステップ3： 含める事業体を決定する

　以上2ステップに従って評価することで、図表2－10の中に自社にかかわる事業体がプロットできる。ここではインパクトが重大である場合すべてと、管理と重大な影響のうち必要と判断した場合の網掛けしたエリア(事業体A～D)が報告対象となる。報告書に記載する情報としては、①戦略や取り組みの方向などの記述情報、②定性的なパフォーマンス指標(経営情報)、③定量的なパフォーマンス指標(オペレーションデータ)の3つに分類している。管理の度合いが強まるに従って①から②、②から③の情報入手が可能になるため、記載

する情報のタイプを広げている。

4) ステップ4： バウンダリーの開示

G3では、開示情報項目の中にあらたにバウンダリーに関する4項目を追加している。まずバウンダリーの基本情報を記載するが、上記のステップで自社内で評価することが先決である。

(3) 報告におけるグローバル視点が必須

GRIガイドラインの活用にあたって、日本企業の間ではリスト化されている指標についてのデータを網羅的に記載することに関心が集まってきた。しかしG3では、項目の網羅性よりもむしろバウンダリーの広がりについての網羅性を強調している。

バウンダリーを考慮するとなれば、ほとんどの企業活動は国内だけにとどまらないはずである。環境・社会のトピックになれば、むしろ問題は海外での操業に山積している。この点では日本企業も欧米企業と同じ状況であり、今後海外を含めたCSR調達の取り組みに着手するとともに、CSR報告書のバウンダリーもグローバルな範囲を含めることが必要である。

参 考 文 献

・日本機械輸出組合：『企業の社会的責任を巡るEU政策動向に関する報告書』、2005年
・財団法人地球・人間環境フォーラム：『発展途上地域における原材料調達のグリーン化支援事業』、2005年3月31日
・独立行政法人石油天然ガス・金属鉱物資源機構：『鉱業の持続可能な開発に関する世界動向と主要な取り組み』、平成17年6月
・財団法人地球・人間環境フォーラム：「原材料調達における持続可能性とは」『グローバルネット』、2006年5月号
・『サステナビリティ・リポーティング・ガイドライン(G3版)』(ドラフト)、NPO法人GRI日本フォーラム訳、2006年

第3章
CSR調達を実践する企業事例

第 3 章　CSR 調達を実践する企業事例

　本章では、CSR 調達に先進的に取り組んでいる企業事例を紹介する。CSR 調達は欧米企業の間で進んできたが、サプライチェーンの波及を受けて日本企業にも広がり始めている。まず世界的に最も進んだ取り組みをしている衣料品業界の代表として、リーバイ・ストラウスの事例を取り上げ、続いてミズノの事例を紹介する。このほか、SA8000 を取得し、積極的に CSR 調達に取り組み成果をあげているイオン、EICC（電子業界行動規範）に参画しているソニーと NEC、そして化粧品業界でも取り組みをはじめた資生堂の事例を紹介する。

3.1　リーバイ・ストラウス

3.1.1　リーバイ・ストラウスの概要

　世界最大規模のアパレル・メーカーであるリーバイ・ストラウス（LS&CO.）は、「LS&CO. Way」として 4 つの価値観を大切にしてきた。これは将来のビジョンや事業戦略に生かされているることはもちろん、日々の意思決定や行動の基盤として社員の間で共有されている。

---

4 つの価値観（Values）
エンパシー（Empathy）…相手の立場で考える
オリジナリティ（Originality）…本物でありつつ、革新的であること
インテグリティ（Integrity）…正しいことをする
勇気（Courage）…信念を守るために立ち向かう

3.1.2　世界初のグローバル・ソーシング＆オペレーティング・ガイドライン

　1990 年代初頭にはアメリカ国内だけではなく、海外での委託生産が増加し

てきた。同社では、海外のビジネス・パートナー(サプライヤーに相当)に対してもリーバイ・ストラウスの企業理念と合致した厳密な基準を適用すべきと考え、1991年に「グローバル・ソーシング&オペレーティング・ガイドライン」(全世界共通の調達と操業に関するガイドライン)を策定した。多国籍企業としてははじめての、商品の製造や事業に関する包括的な指針である。その主旨は、「世界中どこであっても、私たちの商品の製造に携わる人は皆、安全で健康な労働環境のもとで、人としての尊厳を侵されることなく、敬意をもって処遇されるべきである」というものである。

ガイドラインは大きく2つに分かれる。ひとつが「相手国選定のためのガイドライン」、もうひとつが「ビジネス・パートナーに対する契約条件(Business Partner Terms of Engagement)」(以下 契約条件)である。前者は、ビジネス・パートナーが管理できる枠を超えた問題について定めたもので、人権や政治的

ビジネス・パートナーに対する契約条件

ビジネス・パートナーに対して以下の項目について、リーバイ・ストラウス社と同等の取り組みを求める

- 倫理基準
- 法令遵守
- 環境に対する基本方針
- 社会貢献
- 雇用基準
    - ▶ 児童労働、受刑者労働・強制労働、処罰措置を禁止
    - ▶ 労働時間は週60時間以内
    - ▶ 賃金・福利厚生の提供
    - ▶ 結社の自由
    - ▶ 差別の禁止
    - ▶ 健康と安全の配慮

な基準から操業しない国などをサンフランシスコの本社で決めている。後者の契約条件はビジネス・パートナーに対してリーバイ・ストラウスと同等の取り組みを求めるものであり、通常のビジネス・パートナー向けの行動規範に相当する。縫製と仕上げ加工にかかわるすべての工場において、契約条件の事前監査を行い、条件を満たしていることを確認してからでないと試作品の製造を含め、一切の操業は行えないという非常に厳しいものになっている。

3.1.3 グローバル・ソーシング&オペレーティング・ガイドラインの運用

(1)「相手国選定のためのガイドライン」の運用

このガイドラインの適用により、現在、操業をしていない国としては、イラン、イラク、リビア、北朝鮮などがある。軍事政権下のミャンマーは、同社のカテゴリーでは「操業しない」と「要注意」の間を行き来しており、実際には操業は行っていない。中国は1989年の天安門事件の後、一時撤退を決め準備を進めたが、その後再び政治情勢に変化がみられたので、1999年後半から本格的な操業を再開している。

(2) 契約条件の監査

ビジネス・パートナーが契約条件を守っていることを確認するために、同社には専任の監査員(assessors)がいる。アジア太平洋部門には約20名の監査員がいるが、基本的に監査対象国の人間である。これは、現場の作業員と話をするためには、その国の言葉が話せなければならないし、その国固有の問題や事情も理解している必要があるからである。また、国によっては女性の労働者から話を聞くためには、同性の監査員でないと難しいこともある。監査員は社員であることが基本だが、外部に委託している場合もある。

監査のプロセスとしては、縫製と仕上げ加工にかかわるすべての工場において、新たに契約して操業を開始する前に契約条件の事前監査を行い、条件を満たしていることを確認してから操業を開始する。新しく取引をしたい企業はまず、監査を依頼する申請書を提出する。同社は、その企業に対して契約条件の

趣旨を説明し、相手から同意が得られれば必要書類の準備リストを提示し、準備が整ったところで現地での契約条件監査を実施する。監査は工場内査察と、聞き取り調査に分かれ、その結果を総合的に判断する。内容は、倫理、法令遵守、環境、社会貢献、雇用の5大項目からなるが、詳細な質問内容は事前には知らされず、その場で監査員が丸1日かけて約200項目をチェックする。

多くの場合、最初は何らかの問題が見つかるので、問題点の改善を依頼する。その後再度監査を行い、猶予期間の間に全ての問題点が改善されたことが確認されれば、操業開始となる。また、この事前監査に合格しても、リーバイ・ストラウスとのビジネスを継続する限り、毎年監査が必要である。万一、問題が発見されれば、その都度、改善が要求される。

(3) 監査項目の設計について

監査項目については、社会からの要望や要請に応じて、新たな項目を増やすなど、何度か細かく改定している。この基準は、同社のサンフランシスコ本社で行っている。設計にあたっては、当初はアメリカのNGOのFLA(Fair Labor Association)と、また現在は別のNGOのVERITE(Verification in Trade and Ethics)と連携して行っている。新しい基準の勉強会や、ビジネス・パートナーに対する人権・安全にかかわる教育なども、社員に対して行っている。

(4) 充実したガイドブック

契約条件に対するビジネス・パートナーの理解を深めるため、リーバイ・ストラウスでは「契約条件ガイドブック」を準備している。カラーで約70ページにわたるマニュアルで、契約条件の基本的な考え方から、それぞれの項目についての要求事項について、詳しく解説されている。各要求項目は、ZT(zero tolerance：許容できない)、IA(immediate action：直ちに対処)、CI(continuous improvement：継続的に改善)の3つのレベルに分類されており、例えばZTの項目が条件を満たしていなければ、その工場は操業できない。また、具体的な違反例が豊富に掲載され、それぞれについて、どのように、いつまでに改善

第３章　CSR調達を実践する企業事例

図表３−１　リーバイ・ストラウスの契約条件ガイドブックの一部
（児童労働の事例：違反、及び是正措置）

1 Child Labor Examples: Non-Compliances & Corrective Actions

Finding	Corrective Action	Recommended Timeline	Verification Method
❹ Minimum Working Age: In "X" country, the legal minimum working age is 14. One worker in factory "X" is 14 years old. Documentation verified the worker's age.	There should be emergency child labor intervention where the child is removed from the workplace. The factory should ensure that the child receives legal schooling while at the same time sustaining the family's income level. The child should have the option to work in the factory once he/she has reached the legal working age.	Immediately	
❹ Minimum Working Age: In "X"〔...〕 age 〔...〕 requires 〔...〕 juveniles working inside the factory. Documentation verified the worker's age.	There should be 〔...〕 child labor intervention 〔...〕 from 〔...〕 ensure 〔...〕 school 〔...〕 the 〔...〕	Immediately	
❹ Minimum Working Age: In "X" country where the laws are somewhat conflicting and juveniles are legally permitted to work after the age of 15, but must remain in school until the age of 16. One worker is 15 years of age and is not in school. Documentation verified the worker's age.	The factory must implement a program to ensure that underage workers work only in accordance with law (e.g. limited hours that do not interfere with mandated schooling).	Immediately	

〔吹き出し注記〕
- 確認方法
- 対応の緊急度
- 是正措置：各ケースについて、法令違反の度合いを記載し、何をおこなったらいいかを掲載。
- 確認事項：最低労働年齢が定められている場合、定められていない場合、などケースごとの状況を提示

94

すればよいのか、そして改善したことをどのように確認すればよいかがアイコン（絵文字）入りで示されており、理解しやすくなっている。

(5) ビジネス・パートナーの支援

1991年に契約条件を策定して監査をはじめた当初は、監査員はさながら「警察」のような存在だった。しかし、その後は監査を「警察」による取り締まりからエンゲージメント（参加）へと進化させようとしている。ビジネス・パートナーが自分で自分を律することができるような方法にしたいと考えている。「警察」による取り締まりのような形で監査をしていると、ビジネス・パートナーは仕事を続けたいがために、問題を隠そうとする事態を招く。しかし、それは問題を解決しないばかりか、見えなくしてしまい、状況はより悪くなってしま

《発覚した児童労働とその対応》

バングラディッシュの2社のビジネス・パートナーの工場で、就労年齢に満たない少女が数人働いているのが見つかったことがある。あってはならないことではあるが、ただ彼女たちを解雇しても問題は解決しないことは明らかであった。少女たちを解雇してしまえば、彼女たちはたちまち経済的に困難な状況となり、その家族もまたお金に困るであろう。彼女たちは学校に戻ることはなく、すぐに次の職を探すことは容易に想像された。その職がリーバイ・ストラウスのビジネス・パートナー工場のようなきちんとしたものである保障はなく、劣悪な労働条件下で働かされたり、搾取にあったり、ひどい場合には人身売買の対象になることすら考えられる。

そこでこのビジネス・パートナーは、少女たちに給与を払い続けながら就学させ、学業終了後に再度雇用することを保証した。リーバイ・ストラウスは、少女たちの授業料、教科書、制服の費用を負担した。単に契約条件を守るのではなく、その精神に鑑み、もっとも正しいと考えた対応をしたのである。

う。むしろ、問題があれば、それをビジネス・パートナーが自ら解決すること
を支援するようなやり方をとったほうが、より持続可能だと考えるに至ったの
である。

現在は、ビジネス・パートナーのトレーニングや教育に力を入れる方針であ
り、2005年にはパイロット・プログラムを開始し、順次展開していく計画で
進めている。

3.2 ミズノ

3.2.1 ミズノグループの概要

ミズノは、スポーツウェア、スポーツ用品の製造・販売に加えて、スポーツ
施設関連事業も行うなど、スポーツに関する総合的な事業展開を行っている。
2004年度の連結売上高1437億円のうち日本での売上が78.6％と圧倒的である
が、他にもアメリカが10.8％、ヨーロッパが5.6％、アジアが4.9％となっており、
国際的なスポーツ・ブランドである。

3.2.2 NGOから指摘を受ける

2004年3月、アテネオリンピックを前に、3つのNGO[1]が「オリンピック・
プレイフェア・キャンペーン(Play Fair at the Olympics Campaign)」を世界
的に展開した[2]。これは国際オリンピック委員会(IOC)といくつかのスポンサ
ー企業[3]に対するもので、スポーツウェアを生産するすべての労働者が、公正

---

1) Oxfam、Clean Clothes Campaign、ICGTU-Global Union
2) アテネオリンピック終了後も、"Play Fair at Olympics from Athens to Beijing" として、
   北京オリンピックに向けて同様のキャンペーンが継続中である。
3) ミズノ、アシックス、フィラ、プーマ、ロット、ケイパ、アンブロ

で、品位があり、安全な労働条件のもとで働くことができるよう、労働条件の保証を求めたものであった。オリンピックは、スポーツウェア業界にとって4年に一度の特需といえるが、同時にオリンピックという特定の時期を目標に需要が集中的に高まるため、サプライヤーは納期を急がされ、過重な時間外労働や休日返上、ひどい場合には最低賃金が支払われないなど、労働慣行上の問題が生じやすいことが、かねてより問題になっていた。加えて、世界中の視線がオリンピックという一点に集中するために、NGOとしても、キャンペーンを行うことが非常に効果的であるという事情もある。

こうした状況のなか、これらNGOのグループから、ミズノの中国のサプライヤーに問題があるとの通告があった。その時点ではミズノはサプライヤー向けの行動規範を設けておらず、まさに寝耳に水であった。

3.2.3　「供給者基本原則」の策定

指摘を受けたミズノは、改善のために直ちに検討を開始した。中国の主要サプライヤー5社に依頼し、労働者計125人に直接インタビューを行って確認したところ、確かに一部の工場や労働者において、時間外労働、最低賃金違反、無休勤務の状況があることが判明した。

改善のための第一歩として、ミズノはまず欧米の同業者や、この分野で進んでいる企業の行動規範を直ちに調査した。そして、「ミズノ株式会社の供給者基本原則(Guiding Principles for Suppliers to the Mizuno Corporation)」を2004年3月25日に策定した。これは世界スポーツ用品工業連盟(WFSGI)行動基準(原則ガイドライン、2002年9月1日署名)の第5条に基づく形で、①強制労働、児童労働、差別、残業、組合と団体交渉の自由などの労働慣行、②地域社会とのかかわり、情報伝達、法令および基準遵守などの環境保全慣行、を2本の柱にする要求項目を盛り込んだ基準である。ミズノは仲介する商社を通じてサプライヤーにこれを配布・説明した。各サプライヤーはこれを受け、確かにこれを遵守するという「Letter of Trust」を提出した。また、サプライヤー自らがこれらの状況をチェックするための54項目からなる労働環境チェ

ックリストを作成し、自主管理のツールとしている。当初は自主点検結果のアンケート（3点セット）の回収は困難を極めたが、現在では100%近く回収できるようになったという。

さらに同社は、翌月の2004年4月には、社内に社長を委員長とするCSR推進委員会を予定を前倒しして設置し、OEM契約の条項を再検討し、CSR推進委員による中国のサプライヤーの視察などを矢継ぎ早に行った。

また、NGO側とは、同業者のアシックスと共に対話を行った。日本企業にとっては経験のないことであり、ゼンセン同盟[4]もこれに同席し、対話の促進を図った。

3.2.4 サプライヤーの監査

サプライヤーへの自主点検だけで行動規範の遵守が100%担保されるわけではない。ミズノはサプライヤーと協議を重ねたうえで、ミズノがサプライヤーの監査を行うこととした。重点的に監査を行う対象をサプライヤーの多い中国とし、年間の取引額、相手方の売上におけるミズノの占有率などにより、対象サプライヤーを50社に絞り込んだ。

ミズノグループの監査員の養成は、この分野のノウハウを持つ中国のNGOに委託して行った。監査は現地の言葉と事情がわかる現地スタッフが原則である。ミズノでは、日本語あるいは英語に堪能な中国人スタッフで、ISO14001や環境、法律の専門知識を持つ若手社員4名を監査員として教育し、2人一組でサプライヤーの監査をしている。監査チームは今のところ2組だけなので、全一次サプライヤーを一巡するには数年かかる計算である。

監査の結果、サプライヤー側に問題が見つかった場合でも、ミズノとしては、サプライヤーを直ちに変えるということは考えず、対話と働きかけによって状況の改善を図っていく方針である。NGOも問題のある工場との取引中止を望んでいるわけではなく、バイヤーが継続的に指導し、サプライヤーがレベルア

---

4) 全国繊維化学食品流通サービス一般労働組合同盟

ップすることを望んでいる。問題のある工場を切り捨てても、労働者が路頭に迷うか、さらに条件の悪い工場に流れるだけであり、問題はまったく解決しないからである。

3.2.5　NGO とのやり取りの経験を生かす

　こうした NGO との一連のやり取りを通じてミズノが学んだ経験は、海外で操業する多くの日本企業にとっても参考になることが多い。
　まず、これら NGO は企業を単体ではなく、サプライチェーン全体でとらえている。自社工場ではなくサプライヤーの工場だから、という言い逃れは通用しないということである。こうしたことも含め、NGO が何を考えているのか、何を求めているかを知り、逆にまた企業の事情を理解してもらうためにも、日ごろからの対話が重要である。NGO とのつきあいも、結局のところ組織対組織ではなく、人間同士の信頼関係だからである。例えば、監査は細かくやりはじめればキリがない。しかし、大事なところからはじめているという姿勢を示すことが重要であり、そのことが伝われば NGO も理解を示してくれるとミズノの担当者は言う。
　もちろん、NGO とはどうしても考え方が相容れない部分もある。例えば NGO は第三者認証や監査を必ずしも信用していない。いずれも企業が自らの資金で行っているからだ。したがって、第三者認証や監査をしていれば安心というわけでもない。あるいは、NGO は業界としての動きを期待しているが、実際には業界内の企業はお互いに競争相手でもあり、協調して対応するのは難しいことも多い。監査などのチェックリストを共通化しようという動きもあるが、実際には使い勝手の問題から、各社が異なったものを使っているのが現状である。
　その他にも、企業としては対応が難しい問題が存在する。例えば、残業と社会保険の2つは大きな課題であるが、経費がかかるため、サプライヤーは対応を渋ることがある。あるいは、中国では政府発行の身分証明書で年齢を確かめて雇用するが、偽造身分証明書も横行しており、これをチェックするのは至難

の業である。さらに、オリンピックなどのようにどうしても需要が集中することがあるが、このような仕事量の季節的変化などは、企業の力ではコントロールできない。こうした問題については、今後さらに対応方法を検討する必要があるだろう。

しかし、監査を含めて、サプライヤーの管理、すなわちサプライチェーンマネジメントを余計な経費だとは考えないほうがよいだろう。なぜなら、労働者

ミズノ株式会社の供給者基本原則
(Guiding Principles for Suppliers to the Mizuno Corporation)
2004年3月25日策定

以下の項目について規定してあり、すべての供給業者(OEMを含む)に配布している。

1. 労務慣行
    - 強制された労働
    - 児童労働
    - 差別
    - 賃金と福利厚生費
    - 労働時間
    - 残業
    - 組合と団体交渉の自由
    - いやがらせまたは虐待
2. 環境保全慣行
3. 地域社会との関わり
4. 情報伝達
5. 法令及び基準遵守

をトレーニングすれば定着率は確実に高くなるうえ、日ごろから管理を行っていれば、もし何か起きた時にもうまく対応できるからである。

最後に、ミズノでCSRを担当する高橋法務部長の言葉を紹介したい。「企業は利益を求めているが、そのために他人を傷つけることを望んでいるわけではない。(NGOとは)必ずどこかで合意できる点があるはずだ」。このように、お互いに合意できる点を探していく姿勢が、真のエンゲージメントを生むのであろう。

3.3 イオン

3.3.1 イオングループの概要

イオンは、イオン株式会社を中核会社とし、国内外の158社で構成される小売企業グループである。イオン株式会社は、2006年2月現在、378店舗、従業員7万1171人を抱える総合小売業である。同社では、「安全・安心・正直にこだわる」のコンセプトをベースとしたプライベートブランド「トップバリュ」を開発している。

3.3.2 サプライヤーの企業倫理と人権と労働環境に配慮＜イオンサプライヤー CoC＞

イオンでは、取り扱う商品の品質や安全性だけでなく、商品を生産する現場の労働環境や労働条件が、法令や規則を遵守していることについても責任があると考えている。2002年9月、そうした視点から国内外のいくつかの委託先工場を調査したところ、深刻ではなかったがいくつかの問題が発見された。

そこで同社のプライベートブランド「トップバリュ」を製造する過程で、企業倫理と人権と労働環境に配慮すべく、2003年に「イオンサプライヤー CoC（サプライヤーコードオブコンダクト／取引行動規範）」を策定した。これは、

> **イオンサプライヤー CoC（コードオブコンダクト / 取引行動規範）**
> ＜製造・調達を行う国において法的に定められている社会的責任標準に適合すること＞
> 1. 「児童労働」：違法な児童労働は許されない
> 2. 「強制労働」：強制・囚人・拘束労働は許されない
> 3. 「安全衛生および健康」：安全で健康な職場を提供すること
> 4. 「結社の自由および団体交渉の権利」：従業員の権利を尊重すること
> 5. 「差別」：生まれた背景・信条で差別してはならない
> 6. 「懲罰」：従業員に過酷な懲罰を課してはならない
> 7. 「労働時間」：労働時間に関する法令を遵守すること
> 8. 「賃金および福利厚生」：賃金および福利厚生に関する法令を遵守すること
> 9. 「経営責任」：「イオンサプライヤー CoC（取引行動規範）」の遵守宣言をすること
> 10. 「環境」：環境汚染・破壊防止に取り組むこと
> 11. 「商取引」：地域の商取引に関する法令を遵守すること
> 12. 「認証・監査・監視（モニタリング）」：「イオンサプライヤー CoC（取引行動規範）」の認証・監査・監視を受けること
> 13. 「贈答禁止」：イオンとサプライヤーの贈答禁止

ILO のルールや SA8000 などを参照した従業員の人権や労働環境に関する項目と、イオンの基本理念や社内ルールの考え方を盛り込んで独自に作成した環境保全や企業倫理に関する項目の計13項目から構成されている。遵守項目についての基本はその国・地域の法律・規制に適合するということを前提に設定している。

　イオンで販売する商品を生産している労働者が、環境に配慮した工場で、人権を尊重され、安全で衛生的な労働環境の中で適切な賃金を保障されること。

さらには商品の品質が向上し、イオンと取引先両者の予期せぬリスクを回避して、よりスムーズな商品調達を可能にすることを目指す。そのために、まずはイオンの自社ブランド商品である「トップバリュ」の製造委託先に対して、「イオンサプライヤー CoC」の遵守を要請することからはじめている。「トップバリュ」の製造委託先工場は、25 の国と地域に作られており、その取引先とともに CSR への配慮を展開しているのである。「『トップバリュ』は、お客さまにとってはもちろん、生産に携わる人々にとっても、『安全』で『安心』を提供するブランドでありたい」。その決意の表れが「イオンサプライヤー CoC」といえる。

3.3.3　イオンサプライヤー CoC の内容と体制づくり

　この 13 項目の中で一番最初にある「児童労働」に関しては、国内ではまず問題ないが、製造委託している東南アジアを中心とした工場まで含めると、その徹底が必要と考えている。10 番目の「環境」については、その国・その地域の環境に関する法律を遵守しているかどうかを管理している。最後の「贈答禁止」はいわゆる賄賂に関する規定で、賄賂を受け取る習慣が横行している地域もあるが「トップバリュ」のビジネスの流れの中に賄賂があってはならないので、これを管理項目としている。

　万が一、「イオンサプライヤー CoC」の項目に触れるような事態があれば、是正を要求し、さらに是正されたかどうかの確認をモニタリングする。従来の商品の品質や価格、スペックどおりに作られているかどうかなどを管理しているだけではなくて、13 の項目について管理する仕組みを現在動かしているところである。

　監査に関しては、イオンのスタッフによる監査に加えて、外部の第三者に監査を委託する仕組みで行っている。第三者監査実施前に、「事前質問書」の提出を各サプライヤーに依頼し、監査の優先順位づけを行い、優先順位を決定している。そして項目が本当に遵守されているかどうかを監査マニュアルに基づ

きチェックする。文書・記録・書類チェック・管理職インタビュー、そして従業員インタビューに基づき確認し、改善すべき事項が監査時に発見された場合、改善要請書を出し、一定期間後に改善実施報告書をもらうという形で実施している。

3.3.4　本社での SA 8000 認証取得

また、イオンは、サプライヤーに「イオンサプライヤー CoC」遵守を要求する以上自らの管理もすべきだと考え、イオン本社業務と「トップバリュ」のサプライヤー管理において、2004 年 8 月に審査を受け、11 月に SA 8000 の認証を取得した。さらに各カンパニーやグループ会社ともノウハウを共有し、今後同認証の適用を広げていくことも検討している。

サプライヤーの行動規範策定と本社での SA8000 認証取得、これらをマネジメントする体制を作り PDCA が回りはじめたので、加えて 2004 年 9 月に国連グローバル・コンパクトに参加表明した。

3.3.5　イオンサプライヤー CoC 運用の実際

まず、サプライヤーを対象とした「イオンサプライヤー CoC」説明会を実施しており、2006 年 2 月までに 8 回説明会を実施し、合計 500 社以上の参加を得た。また、2003 年 10 月より海外の「トップバリュ」製造委託先工場に対し、イオンのスタッフによる監査、同 12 月より第三者監査を開始し、2004 年 10 月より、国内の「トップバリュ」製造委託先工場に対しても、これらの監査を開始した。2006 年までに国内外で監査を終了した工場事業所は、200 カ所を超えている。

全般に海外工場では、工場の労働環境や寮などをチェックしてみると、不当な児童労働などはみられないものの、時間外賃金に関する条文など経営者が労働法を知らないケースがみられる。一方国内工場では、工場管理の体制が整い ISO9001 や HACCP を取得している工場なども多く、よく整備されているが、

例えば懲戒に関する規定や委員会などが明確にされていない、などのケースが一部みられた。

監査の結果、改善指導を受けて改善を施し、イオンの認証取得をした工場は、これまでに(2006年2月現在)約70工場。監査で指摘した点が改善されたかどうかは、提出されるエビデンスを参考に、工場監査実績を持つ国際的な機関が判定する仕組みとなっており、膨大なデータをもとに監査対象の工場が世界的にみて、どの位置にランクされるかが示される。イオンの認証を受け、国際的なレベルになることが、結局その工場事業所のためになるという視点で、協力を仰いでいる。

3.3.6 監査をきっかけにサプライヤーの意識も向上

そうした中に、2005年9月に実施したイオンのスタッフによる監査で優秀な結果を出したタイの工場がある。この工場では、監査員との全体ミーティングの席上、社長から「人は財産です。他のものは買い足すことができるが、優秀な人材は大切な財産です。そして、この監査はイオンに当社をよく知っていただくいい機会であり、監査を通じて互いの信頼関係が強まることを確信しています」という話があった。また、国内工場の社長からは、「我々の会社も、このようなグローバルな基準で監査を受けるようなレベルに成長してこれたということに対し、感謝したいという思いである」とも言われた。これらの工場事業所は、イオンの基準に従い、働く人々の労働環境と基準を改善していくことで「世界のどこからオファーがきても、グローバルスタンダードな企業として取引できる」という展望を持ちはじめている。

監査を実施することによって、イオン自身がこの「サプライヤーCoC」の意義の重大さに気づかされたともいう。イオンは、このような工場事業所と取引することで、自信を持って顧客に「安全・安心・正直」を提供することができる。それが、同社の考えるパートナーシップのあり方でもある。

3.4 ソニー

ソニーのCSR調達の仕組みは、2つの仕組みから成り立っている。一方は、RoHS指令などへの対応を目的とした、化学物質管理に焦点をあてたグリーン調達。他方は、CSR全般に関係するCSR調達の仕組みである。

3.4.1 ソニーのグリーン調達

2006年7月に施行されたRoHS指令に代表される、製品に含有される化学物質に関する法規制は、欧州に限らずさまざまな国、地域に存在している。現在のグローバル調達、グローバル生産、グローバル市場の環境下では、特定の国、地域への対応では、確実なコンプライアンスはますます難しい状況にあり、ソニーでは全世界共通の化学物質の管理基準を明確にすることとしている。これを実現するために、全世界の関連法規制の把握、解釈のみならず、環境問題においては極めて重要なステークホルダーの声、技術的代替可能性などを考慮し、「部品・材料における環境管理物質管理規定(SS-00259)」(SSはSony Standardの略)としてまとめ上げた。この文書は、対象となる化学物質について、使用用途ごとに、即時使用禁止(レベル1)、ある期日をもって使用禁止(レベル2)、期日を定めないが全廃を目指す物質(レベル3)に対応方法を分類し、サプライヤーに対しての納入基準としている。このSS-00259は最新の状況に対応するため、毎年定期的に改定されている。今ではSS-00259は広く認識され、業界の中でのバイブル的な存在となっている。

しかし、基準を明確にするだけでは、禁止物質の混入を防止するのに十分ではない。ひとつの製品に数百から数千の部品が用いられるエレクトロニクス製品では、その部品のサプライチェーンがグローバルに広がっている。そのサプライチェーンの一部で、仮に禁止されている物質が用いられると、結果的に最終製品に含有することとなる。したがって、ソニーと直接取引のあるサプライヤーだけでなく、それらの上流をコントロールする必要が生ずる。

このSS-00259という基準への遵守を図るため、ソニーはサプライヤー管理

について次の基本3原則を打ち出し、それに基づくマネジメントを導入した。
1) 資材源流管理

　原材料や部品のサプライヤーの中で一定基準を満たしたサプライヤーを「グリーンパートナー」として認定し、認定を受けたサプライヤーからのみ調達を行うというものである。具体的には、ソニーが規定した環境管理基準を超えた原材料や部品を使用していないことをサプライヤーが証明する「不使用証明書」などの文書管理に加えて、ソニーの監査員が、原材料／部品サプライヤーを訪問し、ソニー自らが設定した環境管理基準に基づいて監査を行い、基準を満たしたサプライヤーを認定するというものである。全世界のサプライヤーに対し監査を実施し、グリーンパートナーとなったサプライヤーからの調達を行っている。

2) 製品設計、品質管理への組み込み

　部品の検定の段階で環境管理基準を満たした部品のみをデータベース登録し、設計段階で設計者が部品を選ぶ際、その部品が環境管理基準を満たした部品以外は使用できない仕組みである。

3) 測定原則の適用

　単にサプライヤーから「不使用証明書」を受け取るだけでなく、一部の禁止

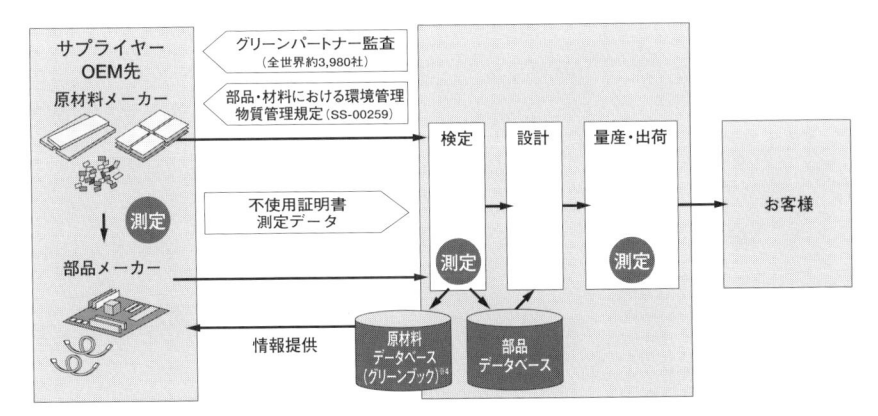

図表3-2　ソニーグリーン調達の仕組み

物質が使用されていないことを証明する測定データの提出を求める。これに加え、ソニー社内の生産プロセスに関所を設け、納入部品に対し測定を行い、納入される部品が本当に環境管理基準を満たしているかを科学的に確認するという原則である。

これらのソニーのグリーン調達の仕組み(図表3-2参照)は、導入当初、業界に驚きをもって受け取られたが、実際に含有していないと思われていた物質の含有が測定によって明らかになるにつれ、業界共通の枠組みの基礎となった。

またサプライヤーの負担軽減のため、ソニーがSS-00259への遵守を確認した原材料をデータベース化し(グリーンブック)、その情報を一次サプライヤーに提供することで、その材料を使用する限り測定を免除とする仕組みを整えている。

3.4.2 ソニーのCSR調達

現在では、上記のグリーン調達の仕組みに新たにCSR調達の仕組みを導入している。ソニーをはじめとする日本企業が先行したグリーン調達に対し、CSR調達においては、ステークホルダーからの要求が大きい欧米企業が、日本企業よりもかなり先行してきた。すでに電気電子業界でもCSR調達の世界的な共通化の動きが起きている。サプライチェーンを幅広く他社と共有するソニーではこの動きを重視し、米国の主要なIT企業や代表的なEMS (Electronics Manufacturing Service：電子機器の受託生産)企業などで構成される「電子業界サプライチェーンにおける行動規範(以下、電子業界行動規範)運用検討会(Electronics Industry Code of Conduct Implementation Group: EICC-IG)」に参画している。

また、EICC-IGは欧州企業が中心となり活動しているGeSI(Global e-Sustainable Initiative)のサプライチェーングループと共同して、事実上ICT (Information and Communication Technology：情報通信技術)分野で世界標準となるCSR調達の共通の仕組みを構築している。

この中では、リスク評価の仕組み、自己評価ツール(サプライヤーへの質問

状)、監査方式、さらにはサプライヤーの監査結果などを把握、共有するデータベースの仕組みなどの構築を行っている。特に、EICC と GeSI では、これらの仕組みの構築に際し、ステークホルダーとの意見交換を極めて重視している。そのため、SRI 投資家や NGO など、この分野で関心の高いステークホルダーとの意見交換を定期的に行い、この CSR 調達の仕組みがステークホルダーの信頼に応えるものとなるよう配慮している。

ソニーサプライヤー行動規範（項目）

- 法令遵守
- 労働
  - ▶雇用の自主性
  - ▶児童労働の禁止
  - ▶差別の撤廃
  - ▶非人道的な扱いの禁止
  - ▶最低賃金の確保
  - ▶労働時間の法令遵守
  - ▶結社の自由の尊重
- 安全衛生
  - ▶機械装置の安全対策
  - ▶衛生管理
  - ▶安全管理
  - ▶緊急災害時対応
  - ▶労働災害・職業的疾病管理
  - ▶身体的な負荷のかかる作業への配慮
  - ▶寮施設と食堂の衛生面確保
- 環境保全
  - ▶製品含有物質規制の遵守
  - ▶化学物質と環境汚染物質の管理
  - ▶排水と廃棄物の管理
  - ▶大気汚染の防止
  - ▶環境許可証の取得と適切な報告
  - ▶汚染防止や省資源対策
- 管理の仕組み
  - ▶企業のコミットメント
  - ▶経営の説明責任と責任
  - ▶法律と顧客要求
  - ▶リスク評価とリスク管理
  - ▶活動目標、実行計画、測定
  - ▶教育・研修
  - ▶コミュニケーション
  - ▶従業員フィードバックと参画
  - ▶監査と評価
  - ▶改善措置
  - ▶文書化と記録
- 倫理的経営
  - ▶汚職、恐喝、横領の禁止
  - ▶情報の公開
  - ▶不適切な利益供与・受領
  - ▶公正な事業、広告、競争
  - ▶内部通報制度
  - ▶地域貢献
  - ▶知的財産権

すでに自己評価ツールは完成し、活用がはじまっているが、例えばこのツールでは、複数の事業所(工場)を有する企業も念頭に、カンパニーレベル(本社レベル)、事業所レベルの二階層に分かれている。事業所レベルの質問項目は、それぞれの事業所で個別に評価することを意図している。評価項目は、企業基本情報、労働、倫理、環境、安全衛生など、562の設問が用意されており、必要に応じてその中から部分的に利用することも可能となっている。

ソニーはEICCのグループに中核メンバーとして積極的に参加するとともに、その成果を活用している。2005年に採択、全世界のサプライヤーに対する導入を進めた「ソニーサプライヤー行動規範」は、電子業界行動規範の内容に準拠している。これまで、サプライヤーの自己評価のための質問状による調査、製造現場の直接訪問などを進めてきているが、今後、EICCとGeSIの共通化の枠組みを含めた業界共通の枠組みを適宜活用し、CSR調達をさらに効率的かつ効果的な形で実行してゆく予定である。

3.5 NEC

3.5.1 CSR推進体制

NECでは、2004年4月に従来の「企業行動憲章（1997年制定）」と「行動規範(1999年制定)」をCSRの観点から改定するとともに、その対象をNECグループに拡大した[5]。「NECグループ企業行動憲章」は、児童労働と強制労働の禁止などの人権に関する項目を新たに加えた10原則からなるNECグループ全体の行動指針である。「NECグループ行動規範」は、役員と従業員一人一人に対する規範である。これに「企業理念」を加えた3つが、CSR取り組みの基盤となる。この基盤整備と同時に、「CSR推進本部」および「全社CSR

---

[5] http://www.nec.co.jp/csr/ja/

推進委員会」を設置し、全社的なCSR推進体制を強化した。また、NECの各事業ユニットおよび海外を含むグループ会社には、CSR推進の窓口となる「CSR推進責任者(CSRプロモーター)」を任命し、グループレベルでの推進体制を整備した。

3.5.2　CSR取り組みの基本方針

　NECでは、次の3つの基本方針に基づきCSR活動に取り組んでいる。
　1)　CSRリスクマネジメントの徹底
　2)　社会的価値創出に向けた活動の促進
　3)　以上の取り組みについてのステークホルダーへの情報開示とコミュニケーションの推進
　社会やステークホルダーに対する負の影響をなくすために「CSRリスクマネジメント」については特に注力している。重点リスク領域として下記の6項目を特定し、これらについて具体的な管理目標値を設定のうえ、定常的なモニタリング管理とCSRリスク・セルフチェックシートに基づく自己診断を国内外のグループ会社までを対象に実施している。
　1)　品質・安全性リスク
　2)　環境リスク(製品・場)
　3)　情報セキュリティリスク(顧客・個人)
　4)　公正取引関連リスク
　5)　労働安全衛生リスク
　6)　人権リスク
　セルフチェックにより抽出された課題については、CSRを取り巻く環境認識を踏まえ、中期的視点で整理し、改善目標の設定と施策を立案し、次年度の活動計画に結びつけている。

3.5.3 サプライチェーンへの CSR 展開

(1) サプライチェーン CSR ガイドラインの策定

　CSR リスクマネジメント範囲を国内外のグループ会社のみならず、サプライチェーンまで拡張することが、CSR 活動の重点課題のひとつである。例えば、中国や東南アジアの協力会社など、マネジメントシステムが未整備なところで発生するリスクが、NEC ブランドに影響をもたらすことが想定される。このため、リスクが顕在化する前に、CSR 実態調査と課題の特定、改善目標の設定、教育・情報発信による啓発などサプライチェーン全体を管理する CSR リスクマネジメントシステムの確立を目指している。

　2004 年度からその強化に向けて施策作りを進めてきた。2005 年 10 月には、NEC の資材取引の基本方針に、新たに CSR への取り組みに関する項目を追加し、サプライヤーに対し NEC の CSR に対する考え方を周知する一方、取り組みへの協力を求めた。さらに 2005 年 12 月には、NEC グループとしての「サプライチェーン CSR ガイドライン」を策定した。その中で、図表 3-3 の CSR 推進項目をサプライヤーに明示し、取り組みを要請した[6]。

(2) 取引先(サプライヤーを含む) に対する CSR 調査

　2006 年 9 月からは、取引先の CSR への取り組み状況について調査を開始する予定である。取引先全体で 6000 社を超えることから、取引先の調査にあたっては優先度を設けて段階的に実施する。その選定にあたっては、下記 2 つの視点から優先度を決定する。

　1) CSR サプライチェーンマネジメント(CSR – SCM)の範囲

　CSR 資材調達マネジメントの範囲には、いわゆる上流の生産委託先・協力工場、部品ベンダー(一般購入先)のみならず、ソフト・サービス協力会社(派遣、請負契約先も含む)や下流の販売店、代理店まで包含される。CSR がグローバルに広まった背景から、その中でも特に、生産委託先・部品工場、部品ベンダ

---

[6]　詳細はウェブ参照：http://www.nec.co.jp/purchase/nec_p1j.html

図表 3-3 NEC グループが取引先に要請する CSR 推進項目

取り組みを要請する重点項目	具体的推進事項
CSR 全般	CSR 活動の積極的な推進 社会・地域への貢献
製品の品質・安全性リスク	製品安全性の確保 品質保証システム
環境リスク	製品に含有する化学物質の管理 製造工程で用いる化学物質の管理 環境マネジメントシステム 環境影響の最小化(排水・汚泥・排気など) 環境許認可／行政認可 資源・エネルギーの有効活用(3R) 廃棄物の削減 温室効果ガスの排出量削減 環境保全への取り組み状況の開示
情報セキュリティリスク	コンピュータ・ネットワーク脅威に対する防御 個人情報の漏洩防止 顧客・第三者の機密情報の漏洩防止
公正取引に関わるリスク	汚職・賄賂などの禁止 優越的地位濫用の禁止 不適切な利益供与および受領の禁止 競争制限的行為の禁止 正確な製品・サービス情報の提供 知的財産の尊重 適切な輸出管理 情報公開 不正行為の予防・早期発見
労働安全衛生リスク	機械装置の安全対策 職場の安全 職場の衛生 労働災害・労働疾病 緊急時の対応 身体的負荷のかかる作業への配慮 施設の安全衛生 従業員の健康管理
人権リスク	雇用の自主性 非人道的な扱いの禁止 児童労働の禁止 差別の禁止 適切な賃金 労働時間 従業員の団結権

ーがCSRマネジメント上最優先される領域である。

次に優先される領域が下流のサプライチェーンである。B to B企業であるNECにとっては、重要ステークホルダーである消費者や生活者に近いこれらの取引先が重視されるからである。

IT事業の拡大や事業の合従連衡、また、アウトソーシングなど、企業間のコラボレーションが進み、取引形態が従来の「モノ」中心から「サービス・ソフトウェア」や「ヒト」もかかわるなど複雑化している。このため、ソフト・サービス協力会社もCSRサプライチェーンマネジメント上注視すべき領域となってきている。同時に、生産現場での派遣社員や請負社員の増加にみられるように、労働形態も多様化が進んでいる。このため、取引先の複雑化ともあいまって、情報セキュリティ、労働条件などのCSRリスクが高まっている。この分野は今後の課題領域である。

2) 顧客からの要請とNECの影響度

欧米多国籍企業等の顧客からNECグループのみならず当該製品に関連する取引先まで含んだCSRの実践が求められはじめている状況下、これらの対象となる取引先(一次)がまず優先される。次に、事業取引上のNECの影響度(取引高、NECへの依存度など)の高さから、対象取引先を分類し優先度を決定する。

調査内容は、NECと国内の同業他社が中心となって取りまとめたJEITA版共通指標とガイドブックに基づく。調査指標は、前述の「お取引先様に要請するCSR推進項目」にほぼ沿ったもので、6重点リスク領域でのコンプライアンス・リスク管理を軸に顧客からの要請項目を加味した形で策定している。

具体的には、6重点リスク項目をサプライチェーンCSRガイドラインの中に資材調達先への要請事項として取り込んでいるが、製品の品質・安全性リスク、環境リスク、情報セキュリティリスクの3リスク項目については、従来から事業活動に組み込まれ個別に対応してきている分野である。CSRサプライチェーンマネジメントの展開にあたっては、これらの事業上の個別対応領域に加え、従来対応できていなかったいわゆるCSR上のイシューである腐敗防止

などの公正取引、労働安全衛生と児童労働や強制労働等の人権にかかわる領域を追加し、網羅的に管理することになる。さらに、コンプライアンス対応を超えた社会や環境への貢献活動などは努力目標として取引先に配慮を求めていく趣旨で要請項目として掲載している。

(3) CSRサプライチェーンマネジメントに対する基本的考え方

NECでは、取引先を重要なステークホルダーとして位置づける一方、CSRへの取り組みを強化するためには取引先を含めた対応が不可欠であると考えている。CSRへの取り組みを取引の条件とする考えではなく、協働して活動を強化、改善していくことを基本にしている。

取引先に対するCSR指標はガイドラインの6リスク項目に基づくが、取引先の混乱と費用対効果を考えると、NECの顧客(欧米多国籍企業など)から提示されるCSR指標やグローバル標準の流れと可能な限り整合性を取る必要がある。

特に途上国を中心とする中小取引先への展開の実効性を考えると、同業分野での共通プラットフォーム化は十分検討に値すると考える。NECは、国内ではJEITA(社団法人 日本電子情報技術産業協会)を通じて資材調達先へのCSR展開にあたっての共通枠組み作り(2.2.3項参照)に率先して参画してきた。今後もJEITAの指標を軸に、EICCのような国際的な共通購買指針や指標も考慮した取り組みをグループ内で進める一方、取引先のCSR活動上の課題解決のために、業界での協働した取り組みに積極的に参画していく意向である。

3.6 資生堂

3.6.1 資生堂グループの事業概要

資生堂は、1872年に日本初の西洋風調剤薬局として創業し、現在は化粧品、

トイレタリー製品、医薬品、食品等の製造・販売を中心に、レストラン、ブティック、美容室等の事業展開も行っている。2006年3月の時点で資本金645億円、売上高6709億円、資生堂グループ会社数は103社、グループ従業員数は約2万5000名、国内、海外の売上比率はほぼ7対3である。

3.6.2　CSRの理念体系と購買理念

　資生堂では、創業以来、創業の精神である「新しい価値を創造してお客さまの喜びをめざし、社会のお役に立つ」をCSR活動の原点として取り組んでいる。1921年に社是「資生堂五大主義(品質本位主義、共存共栄主義、消費者主義、堅実主義、徳義尊重主義)」、1989年に「企業理念(企業使命・事業領域：私たちは多くの人との新しい出会いを通じて、新しく深みのある価値を発見し、美しい生活文化を創造します)」を制定した。この「企業理念」を実現するために、ステークホルダー(顧客、取引先、株主、社員、社会)に対してどのような企業行動をとるかを宣言したものがTHE SHISEIDO WAY(資生堂企業行動宣言、1997年制定)である。さらにTHE SHISEIDO CODE(資生堂企業倫理・行動基準)を定めている。これらの理念体系の各段階において、取引先が重要なステークホルダーであることを示している。資生堂の取引先は、サプライチェーンの中で通常「川下」と表現される「店頭で顧客に商品やサービスを直接提供する」取引先と、通常「川上」と称される「顧客に提供する商品やサービスを製造するための原材料や香料、パッケージ、販売促進物などを供給する」取引先であるサプライヤーとにおおまかに分けることができる。

　そしてサプライヤーには、2000年6月に購買理念として、「私たちは、調達活動を通じて『グローバルレベルの美しい生活文化の創造』の輪をひろげることを目指します。その活動の中で『社会との共生』を図りながら、サプライヤーとともに進化し、『新しい価値の創出』を調達面から実践します」を制定し、資生堂webサイトに公表した。

取引の前提としての環境保全に関する7項目
1．環境方針の徹底 2．法令遵守の明文化 3．PRTR 物質の管理徹底 4．産業廃棄物管理規程の策定 5．産業廃棄物業者の管理徹底 6．産業廃棄物管理票の管理徹底 7．PCB の管理徹底

3.6.3　サプライヤーとの地球環境保全への取り組み

　CSR の具体的な課題は広い分野にわたる。なかでも、地球環境の保全についてはすでに多くの企業がサプライヤーとともに取り組んでおり、資生堂においても 1999 年に「グリーン調達基準」を制定し、国内サプライヤーに案内した。さらに 2001 年 2 月、サプライヤーに対し、環境への取り組みのアンケート調査を実施した。その結果を踏まえて、新規に取引する場合は無論のこと、これまで取引のあるサプライヤーにも協力を得るため「取引の前提としての必須 7 項目」を設定し、公開した。

　また、サプライヤーへの要請に加え、サプライヤーからの相談を受ける相談窓口設置などのサポートを実施した。その結果、2003 年 4 月には㈱資生堂の国内工場の全購買先（原材料等）や販売促進物の主要購買先でこの 7 項目を達成した。

3.6.4　資生堂グループ・サプライヤー行動基準の策定と浸透

　ここ数年、CSR に対する社会の関心は大きく高まり、企業に対する評価軸が変わってきている。いわゆるバリュー・シフトがグローバルに起きているのである。そこで、2004 年 3 月の購買先説明会において、サプライヤーに資生

```
┌─────────────────────────────────────────────────┐
│          資生堂グループ・サプライヤー行動基準(大項目)      │
│  ＜前文＞                                         │
│  ＜サプライヤー行動基準＞                            │
│  1. 法令遵守                                      │
│  2. 労働(児童労働・強制労働の禁止、差別の禁止、安全衛生および │
│     健康、賃金および労働時間など)                      │
│  3. 知的財産の保護および機密保持                       │
│  4. 地球環境保全(産業廃棄物管理など)                   │
│  5. 公正な商取引                                   │
│  6. 遵守状況の確認                                 │
└─────────────────────────────────────────────────┘
```

堂のCSRの考え方や理念体系、具体的な取り組み状況を案内し、理解を求めた。

さらに、2004年9月に国連グローバル・コンパクトに参加したことを契機に、企業倫理委員会を中心にサプライヤーとともにCSR活動を推進するための具体策の検討を開始した。2005年には国内外約500社のサプライヤーを対象にアンケート調査を行った。その結果を踏まえ、国連グローバル・コンパクトの10原則や、国内外の先進企業の事例を参考にして、2006年3月に「資生堂グループ・サプライヤー行動基準」を策定した。

この基準は、あくまでもこころざしを同じくするサプライヤーの理解と共感による自発的な遵守を促すものである。したがって、具体的な基準の展開は、前述の環境保全の展開に準ずる方法を採用した。はじめに、2006年3月に国内化粧品工場の原材料調達を中心とした取引先に対する購買活動方針説明会において案内した。続いて、生産部門以外の部門や国内関係会社が直接取引しているサプライヤーに案内するとともに、サプライヤーからの相談を受ける相談窓口を設置した。この後、フォローのアンケート調査実施をはじめ、さまざまな形でサプライヤーと協議しながら「取引をおこなううえでの約束」を取り決めていくよう推進している。また、海外現地法人のサプライヤーについても、

順次各海外法人よりサプライヤーに案内し、浸透を図っている。本基準の浸透により、資生堂グループがサプライヤーとともに新しい価値を創造し、グローバルに顧客や社会からの信頼を深めることを目指している。

参 考 文 献
・『NEC CSR アニュアル・レポート 2006』、2006 年 6 月
・鈴木均、独立行政法人 労働政策研究・研修機構：『グローバリゼーションと企業の社会的責任』、第 5 章、2005 年 10 月
・鈴木均：『実践的 CSR 経営の進め方』第 1 章、日科技連出版社、2004 年 11 月
・財団法人地球・人間環境フォーラム：『開発途上地域における企業の社会的責任』、2005 年
・桑山三恵子：「資生堂の CSR の原点は創業の精神」『経済トレンド』、2005 年 7 月、㈳日本経団連
・『資生堂 CSR レポート 2006』、2006 年
・P. シャープペイン：『バリューシフト』、2005 年、毎日新聞社
・財団法人地球・人間環境フォーラム：『開発途上地域における企業の社会的責任』、2005 年

第4章 原材料調達におけるサプライチェーンマネジメント

第4章 原材料調達におけるサプライチェーンマネジメント

　原材料調達における CSR 配慮については、日本企業の間ではまだ実施例が少なく、製紙会社など一部ではじまったところである。本章では先進的に取り組む日本企業、欧米企業の事例を中心に紹介し、世界的レベルの CSR 調達がどのように展開しているかを知る。そしてこれらの先行事例から共通点を整理し、原材料調達マネジメントを展開するにあたっての実践のポイントを提示する。

4.1 原材料調達の先行事例

4.1.1　日本製紙グループ

(1)　自然資源の使用を NGO から指摘

　紙パルプ業界では、主原料である木材資源の調達についてステークホルダーからの関心が高い。欧州において NGO が企業に与える圧力は非常に大きく、木材のサプライチェーンに関しても、グリーンピースや FoE (フレンズ・オブ・アース) などの環境 NGO が原生林保護をうたって、違法伐採を取り締まるキャンペーンが繰り広げられてきた。

　日本製紙グループは原料の過半を占める木材チップの約4分の3を海外から調達しているため、海外のステークホルダーへの配慮としてグローバルな CSR が求められる。NGO からの指摘は20年以上前に遡るが、2000年代以降、小売、建材貿易、家具などの欧州企業では持続可能な森林資源の使用などを定めた木材調達基準を策定して運用している。

　日本製紙グループは1993年に環境憲章を定め、海外植林事業の推進、森林認証制度の活用などに取り組んできた。しかし2000年代以降、インターネットを使った NGO のプレッシャーが日本企業にも向けられるようになった。現地企業が合法的に伐採した木材からできる木材チップ (パルプの原料) を輸入していても、「原生林伐採に加担している」との攻撃を受けるようになった。

2003年には、グリーンピース・ジャパンが中心となって、タスマニアの伐採企業からの購入を停止することを求めるキャンペーンが展開された。最近の活動は、ネット上で呼びかけNGO会員などの支持者から短時間にメールでの抗議やコメントを集めるというもので、サイバーアクションと呼ばれている。インターネット社会ならではのオープンさのもとで加速する広がりとスピードに、企業も責任ある対応が必要になっているのである。

(2) 原材料調達方針の策定におけるステークホルダー・エンゲージメント

同社は2004年10月に「CSRに配慮したサプライチェーンマネジメント」を推進する原材料委員会を設置して、グループ全体でCSR調達への取り組みを本格的に開始した。まずは、原材料調達方針の策定からである。原案の策定には、企業の論理に陥らないようにフェアウッドキャンペーン[1]や森林生態系に配慮した紙調達に関するNGO共同提言[2]などのNGO側の意見にも十分配慮した。

さらにステークホルダーとの対話を重視し、方針の素案段階で原案を公開してパブリックコメントを求めた。この試みは国内外に大きな反響を呼んで2000件近い多種多様な意見が寄せられ、その結果も反映した「原材料調達に関する理念と基本方針」(次ページ参照)を2005年10月に策定した。現在これに基づきアクションプランを策定し、原材料調達の実務に反映させている。

(3) 異なる見解をどう調整するか

NGOと企業の見解がかみあわないという問題の根本は、「持続可能な森林経営」とは何かという定義である。日本製紙グループは、タスマニアなどの森林伐採について、関係者や専門家の助けを得て「持続可能な森林経営」が適正に行われている根拠を得ていた。それでもNGOは同社に対する非難を続け、立

---

[1] ㈶地球・人間環境フォーラムとFoE Japanが共同で実施しているキャンペーン http://www.fairwood.jp/
[2] 2004年に日本のNGO5団体より発表された提言。紙利用者に対して6つの調達指針に従うよう求めている。また紙生産者、紙流通者にもこの指針に従った生産、販売を求めている。

原材料調達に関する理念と基本方針

＜理　　念＞
私たちは、環境と社会に配慮したグローバル・サプライチェーンマネジメントを通じ、信頼される原材料調達体制の構築を目指します。

＜基本方針＞
1. 環境に配慮した原材料調達
   （1） 木質資源は、持続可能な森林経営※が行われている森林から調達します。
   （2） 違法伐採材は使用・取引しないとともに、違法伐採の撲滅を支援します。
   （3） 循環型社会を目指し、リサイクル原料を積極的に活用します。
   （4） 化学物質については、関連法規等を遵守し適正な調達を行います。
   （5） トレーサビリティ・システムを構築し、サプライチェーン全体で上記項目が実践されていることを確認します。
2. 社会に配慮した原材料調達
   （1） サプライヤーとの公平かつ公正な取引を追求します。
   （2） サプライチェーン全体で、人権・労働への配慮を実践していきます。
3. ステークホルダーとの対話の推進
   （1） ステークホルダーとの対話を通じ、常に環境と社会に配慮した原材料調達のレベル向上を目指します。
   （2） 当社の取り組みを広く知ってもらうために、積極的な情報開示を行います。

※『持続可能な森林経営』
持続可能な森林経営とは、経済的な持続性はもとより、環境・社会面の持続性に対しても配慮した森林経営を示すものであり、日本製紙グループでは以下のとおり定義する。
   1） 生物多様性の保全がなされていること
   2） 森林生態系の生産力および健全性が維持されていること
   3） 土壌および水資源が保全されていること
   4） 多面的な社会の要望に対応していること

場の違いから主張がかみあわず、議論は平行線のままで解決策を見出せない場合がほとんどであった。

NGOへの対応の厄介さから、タスマニアからの調達をやめて他地域に切り替えてはという意見も社内にあった。しかし、別の地域でも結局また同じ問題に直面することは明らかで、煩雑ではあるが問題に正面から対峙してNGOとの対話を継続して、共に「持続可能な森林経営」を見出していく道を選んだ。

(4) 業界での共通枠組みに参画

自然資源の調達についての問題解決に向けた取り組みでよくみられるのが、関連企業や政府、そしてNGOや地域の住民グループなどを取り込んで共同のフレームワークを作り、そこで基準などを作成して共有化するという動きだ。木材については、森林認証制度が挙げられる。第2章で紹介したFSC（森林管理協議会）もそのひとつで、このほかにもいくつかの制度があり、日本独自の認証制度SGEC（「緑の循環」認証会議）などもある。これらの異なる制度について、NGOや英国政府、欧州製紙連合会などが各認証制度の相違点や信頼性などを比較しているが、まだ改善すべき課題が多い。

日本製紙グループは海外自社林ではISO14001（システム認証）およびパフォーマンス認証を取得しており、国内自社林ではSGECの認証取得を進めている。

(5) ステークホルダー・エンゲージメントの必要性

今回の方針策定にあたって、パブリックコメントを実施したことによって、同社はステークホルダーとのエンゲージメントの必要性を強く学んだ。

1) 基本方針にステークホルダーの見解を反映

収集されたコメントを分類、検討した結果を受け、原材料委員会では基本方針の内容を一部修正した。サプライチェーン管理のうえでの柱となる方針の中にステークホルダーの関心事を入れ込んだことで、今後実務を展開するうえでも理解を得やすくなるであろう。

2) プロセス自体を公開したことで、ステークホルダーからの信頼を得た

課題が全て解決されたわけではない。例えば「基本方針の具体的進め方に

対する期限付きの数値目標の開示」や「NGO からみると不備のある認証制度」といった課題には、まだ十分に対応できていない。しかし、かつて対立関係にあった環境 NGO との対話を通じた基本方針の策定プロセスは、両者のコラボレーションが実現した好例と言えるであろう。「会って話してみることで、お互いに対する理解不足によって誤解が生じていたこともわかってきた」と直接対話することのメリットを同社は語っている。

日本製紙グループには、結果に至るまでの協働プロセスが信頼を得るうえで重要だという意思が感じられる。課題から逃げるのではなく真摯な対話の中から解決策を見出す姿勢が必須と考え、これを実行したことから得られた経験に基づいている。

4.1.2　木材関連会社：B&Q

(1)　原材料の環境配慮にこだわる B&Q

B&Q は、ヨーロッパ最大、世界第 3 位の DIY 会社(ホームセンター)である。イギリスに 325 店舗を持ち、3 万 9000 人の従業員を擁している。環境、多様性、倫理、コミュニティという幅広い分野について方針を掲げ、さらにサプライチェーンのグリーン化、木材、化学物質、包装、運輸、人々の多様性などの 12 の分野に照準を合わせて取り組んでいる。

同社では、4 万もの製品の原材料のライフサイクルの各段階にわたって環境社会影響を特定し、サプライチェーンでの取り組みをステークホルダーと一緒に進めている。特に重要な原材料については NGO などの意見を聞きつつ、包括的な評価を行っている。例えば、園芸用のコンポストに使用されているピートの採取は生物の貴重な生息域である泥炭湿地に影響を与えるとして、ピートの使用削減、代替材料の利用を進めている。

(2)　木材調達方針の設定

B&Q の調達方針の中で、木材は全製品の中で最も早く 1991 年に策定された。

これは、1990年にイギリスのNGOが熱帯木材の購入に反対するキャンペーンを行ったとき、「B&Qの取り扱い商品のどのくらいが熱帯雨林からきているのか」という質問に答えられなかったことがきっかけとなっている。そこで、購入するすべての木材・紙製品について、出所の明らかなもの、よく管理された森林からのものを段階的に使うという方針を打ち出したのである。さらに、包括性、独立性、透明性の観点から最も信頼の高いFSC（森林管理協議会）の認証制度を確立させるため、この制度の設立メンバーの一員ともなった。

その後、現在の木材調達方針を2004年に策定した。木材認証については、いくつかの木材認証スキームを比較検討したが、FSCが最も信頼性が高いと判断し、現在は100% FSC材、またはそれと同等の木材認証材を目指している。この調達方針の中で、同社は以下をコミットしている。

・すべての木材、木材を含む製品、紙製品が、FSC基準に則って適切に管理されていると第三者により認証された森林からのものか、またはリサイクルされた材料からのものであることを確実にする。FSC認証の木材が入手不可能なところでは、FSC基準に向けて森林管理を改善すると公約している組織との連携により木材を調達する。
・これらの木材関連製品に適切なラベリングを行う。

2004年時点で、同社は300万m^3／年の木材を取り扱っており、そのうち、①80%はFSC、②その他の認証は15%、③残り5%は認証取得に向け行動計画を策定中、となっている。③のほとんどは、FSC認証取得を支援する非営利団体であるTFT（熱帯林トラスト）を通して供給されたものである。

(3) サプライヤーへの確認

実際の取引に際しては、サプライヤーに質問状に答えてもらう。新規の取引にあたっては、数時間にわたるインタビューを行うこともある。さらに、年に1度、木材に関する評価を行う。

また、現場主義をとっており、頻繁に生産地を訪れてNGOの意見を聞き、現地でどのような方法で伐採が行われているかを確認している。またTFTの会員となり、他のバイヤーと共同で、TFTがFSC取得を支援している企業か

ら木材を購入することにより、熱帯林業の改善を支援している。

(4) 方針実践のインセンティブ

同社は、木材調達方針を確実に運用していくことは、コストではなく投資であると認識している。違法材や環境破壊的な木材を使用するというリスクを回避し、自社のブランドを守り、責任ある企業であるという評判を得ることができるからである。各社の調達についての比較評価を公開している NGO もあり、その中で B&Q の評価は高い。例えば、グリーンピースの「ガーデン家具のリーグ表」において、B&Q は最上位にランクされている。

さらに、これから原料の持続可能性に関する政府、消費者からの要求が厳しくなっていくなか、先行して取り組んだことで優位に立つことができるという点も見逃してはならない。こうした取り組みにより社員が自社に誇りを持ち、

ロンドン郊外にある B&Q の店内の展示品には「適切に管理された森林からの木材しか売りません」との表示がある

意欲の向上にもつながっている。

日本においても、2006年4月、グリーン購入法の基本方針が改定され、木材、紙関連品目について、原料木材の合法性、持続可能性の観点が追加された。持続可能な木材調達へのB&Qの戦略やNGOとのつきあい方は、今後の方向性を示すものともいえる。

4.1.3　鉱工業：リオ・ティント[3]

(1)　企業概要

リオ・ティントは多国籍の鉱業・資源グループとして、3万3040人の従業員数を有する(2004年末時点)。イギリスとオーストラリアに本社を置くが、実質的な本社機能はイギリスにある。鉄鉱石、工業原料鉱物、銅、アルミニウム、エネルギー、ダイアモンド・金を主要事業とする鉱山会社であり、オーストラリア、インドネシア、南米、アフリカなど、世界各国において操業している。

これまでの鉱山開発活動により改変された土地面積は2005年末時点で1459km^2になるが、そのうち26%を回復させた[4]。金属のサプライチェーンの最上流に近い位置にいる同社は、事業スクリーニングや事業評価で環境社会影響評価を行っており、その過程でのNGOとのコミュニケーションを欠かさない。

(2)　持続可能な発展に関する体制と取り組み

1)　基本方針の策定

リオ・ティントは、ICMM(国際金属・鉱業評議会)の設立および運営に中心的な役割を担い、ICMM基本原則(77ページ参照)の作成においても議論を牽引した。自社の取り組みとしては、2003年に策定した「The way we work」

---

[3] 本節は、地球・人間環境フォーラムが行った2005年12月のリオ・ティント本社(ロンドン)におけるヒアリング調査等をもとに執筆。
[4] Rio Tinto 2005 Sustainable development review, *Global commitment with local solution*, p.33

の中で、コミュニティ、雇用、環境、人権、土地へのアクセス、職場における健康、政治への関与、安全、持続可能な開発の9項目についての企業方針を定めている。また、「企業統治」「コンプライアンス」「人権」「リスク分析」「安全」「環境」などの個別分野ごとに指針を作成している。

2） 開発における意思決定と環境社会影響評価の実施

一般に鉱山のライフ・サイクルは、探鉱→事前実施可能性調査→実施可能性調査／環境影響評価→用地取得→用地の整備→インフラの建設→操業→閉山といったプロセスをたどる。

鉱山の開発・操業は宿命的に大きな環境社会影響を有すると言ってもよく、特に、用地取得、大面積の植生や表土の除去、インフラ建設、鉱滓（テーリング）の発生、浸出水などによる大規模で不可逆的な問題が生じやすい。鉱山会社にとっては、いかに、保護価値の高い貴重な生態系やセンシティブな社会経済条件を有する地域を事前に回避するか、すなわち、環境影響評価の意思決定への反映が重要なポイントとなる。

通常、環境影響評価はコンサルタントに委託する。法的義務の一環として、その環境影響評価文書および政府との契約は同社で準備し、地域関係の専門家がレビュー・勧告を行う。

同社は探鉱を35カ国で実施している（2005年12月時点）。社内は5グループ（オセアニア・アジア、南アメリカ、ヨーロッパ・アフリカ、北アメリカ、工業鉱物）に分かれている。各グループは事業機会を開拓し、探鉱の利権交渉を政府と行い、現場のプロジェクトを計画し、次の段階に進むべきかどうかを判定する。このとき保護地域、生物多様性のホットスポット、絶滅に危機に瀕している種の分布、先住民族、土地についてのリスク・スクリーニングを実施し、これによって環境・社会リスクの高い案件を特定する。

同社は国際機関やNGOとの協力関係を構築し、評価にあたっては、これらの団体に専門的な助言を求めている。例えば世界自然保全モニタリングセンター（WCMC）やバードライフ・インターナショナル（BirdLife International）などに対象地の生物多様性の脆弱度の評価を依頼することがある。

スクリーニングを経た案件は、さらに事業評価部により、各段階において、

地質、保護地区、採掘、処理、インフラ、環境、保健・安全、地域社会、持続可能性の各分野に関する評価を行う。また、次の段階の予算獲得のために、投資委員会にかけられ、この際、プロジェクト文書に加え、事業評価部によるリスク・レビュー報告書が検討される。

案件形成の初期の段階においては、撤退も含めた幅広い選択肢がある。選択肢を1～2つに絞る事前実施可能性調査後の過程はとりわけ重要で、環境影響評価はこの時点で実施されることが多い。

現在までのところ環境社会要因による否認例はない。また、環境影響評価の結果、プロジェクトを中止した例もない。

3) 地域社会とのかかわり

リオ・ティントは探査の段階から地域社会に配慮し、鉱山開発する可能性が少しでもあれば、その地域社会に情報提供を行っている。また、プロジェクトの段階が進行するほど、地域社会とのかかわりも強化される。しかし、地域住民が期待するほどの雇用は創出できないので、雇用創出以外の利益還元を考えることが課題とされる。そこで、他社と同じく、地域におけるコミュニティ開発などのプロジェクトを支援することに力を入れている。

また、実務的には、地域社会の反発がありうる地域、貴重な生態系とされている地域では開発を行わないようにしている。とはいえ、世界遺産地域以外の保護地域を開発禁止区域として明言しているわけではない。

4) GRI補足文書に基づく評価・開示

同社はICMMの一員として、GRIガイドラインの鉱山・金属業補足文書の作成に参加した。こうして作成されたチェックリストに基づき、2005年にはじめて報告書を作成、公開した。

(3) NGOからの批判への対応

鉱業界の中では先進的に社会・環境に配慮した活動を行っているものの、まだNGOから批判もある。例えば、マダガスカルにおいてリオ・ティントの子会社が行っているチタン鉱山開発は、マダガスカルに最後に残された固有の生態系である乾燥沿岸林を破壊すると批判されている。本事業に関しては、すで

に社会環境影響評価が実施されているが、国際環境 NGO の FoE は、生物多様性や森林消失に与える影響が過小評価されていること、事業が地元漁業などにリスクを与えることなどを挙げ、独立した評価が必要であるとし、同社の姿勢を批判している。

一方、CORE(Corporate Responsibility Coalition)などの NGO グループは、イギリス企業およびその子会社の海外における操業により影響を受ける地域が、直接、イギリスで人権の侵害や環境被害について異議申し立てを行うことができる制度を求めていることも見逃せない動きだ。

リオ・ティントが、環境社会リスクに関する第三者や独立評価の関与をどのように意思決定過程に反映させるのか、さらに開発に手をつけない地域の拡大や、事前の情報を提供されたうえでの合意原則、異議申し立てなどに、今後どのように踏み込んでいくのかが注目される。

4.1.4　食品会社：ユニリーバ

(1)　事業の概要

ユニリーバは、世界最大級の消費財メーカーで、食品、パーソナルケア、ホームケアの分野で 150 カ国に展開している。社員数は 22 万 7000 人(2004 年 12 月)で、イギリスとオランダの 2 本社体制であるが、同一の役員会によって運営されている。

農産物・海産物を多く取り扱う同社は、持続可能な農業や漁業は必須と考え、サプライチェーン管理に先駆的に取り組んでいる。自社の活動だけでなく、NGO との連携によるマーケット・メカニズムの考案も同社の戦略の特徴である。MSC(海洋管理協議会)の立ち上げ、RSPO(持続可能なパーム油のための円卓会議)や RTRS(持続可能な大豆生産のための円卓会議)の創設メンバーであるのは、こうした戦略に沿ったものである。

(2) 持続可能な農業イニシアティブ[5]

ユニリーバの取り組みの背景には、世界の農業の抱えている環境・社会面に関する厳しい認識がある。同社の扱う原材料の3分の2が農業由来のものであることから、同社が農業を通じて世界の環境に影響を与えるとともに、農業を取り巻く環境の劣化は同社の原料調達に大きな影響を与える。

こういった現状に危機感を抱き、1990年代、同社では取り扱う農産物のライフサイクル分析とサプライチェーンの特定、幅広いステークホルダーとの協議[6]を行った。この結果、1998年に、サプライチェーンを通じて、ビジネス・パートナーとともに持続可能な農業を達成していくための声明文と4つの原則および10の指標を策定した。

ユニリーバの持続可能な農業の原則

・作物は、現在および将来のニーズに応えた高生産および高品質のものである一方、投入する資源を可能な限り抑制しなければならない。
・農業活動により生じる、土地の肥沃度、水質、大気質および生物多様性への負の影響は最小化し、可能であれば、正の影響に貢献する。
・再生可能資源の利用を最適にする一方、再生不可能な資源の利用は最小化する。
・地元コミュニティの福利と環境の保護を促進する。

持続可能な農業の指標
1. 土壌の肥沃度および健全性／2. 土壌の消失／3. 養分／4. 農薬管理／5. 生物多様性／6. 生産物の価値／7. エネルギー／8. 水／9. 社会的、人的資本／10. 地域経済

---

[5] 本節は、ユニリーバの各種レポートとともに、地球・人間環境フォーラムが2005年12月に行った同社ヒアリングをもとに執筆した。
[6] この過程で、例えばイギリスのホウレンソウについては、450もの農家との協議を行っている。

持続可能な農業の原則は、ユニリーバがこの原則に基づき、農業の持続可能性を達成する、または達成のための支援を行うためのものである。指標は、同社が調達する農業原料の持続可能性を測るための尺度となる。

さらに、パーム油、茶、マメ、ホウレンソウ、トマトの5農産物を特に重要と特定し、これらの農産物において、自社のプランテーション等において実践を通じて教訓を得るためのパイロット事業（＝リード・プログラム）を開始した[7]。例えば紅茶については、インド、ケニア、タンザニアの関連農園において、茶のプランテーションに地元樹種の森林や薪炭材採取用の森林を組み合わせた。これにより土壌や水質を保全し、農園にもよい影響をもたらし、生物多様性を高めた。また、茶の乾燥のためのエネルギーの一部を薪燃料に切り替えるとともに、周辺住民に対する薪などの森林生産物の提供、環境教育を行っている。さらに、害虫を捕食する生物の活用や農民の農薬教育により、農薬の統合的管理も行った。

また持続可能な農業イニシアティブのための実施体制として、以下の3種類のグループを立ち上げている。

・持続可能な農業アドバイザリー・ボード：生産プロセス、土地利用、サプライチェーン管理などに関する外部からのアドバイス、判断を提供する。メンバーは世界各国の非営利の研究機関および大学の専門家。
・持続可能な農業促進グループ：当プログラムを実践する組織で、ユニリーバのスタッフから構成される。
・主要4作物についての協議グループ：世界市場とサプライチェーンの評価。ユニリーバが持続可能な生産を行っているサプライヤーから原料を調達できるようなメカニズムを考案する。

(3) MSI（マルチ・ステークホルダー・イニシアティブ）を牽引

ユニリーバでは自社内での取り組みにとどまらず、生産業者やNGOをも巻

---

[7] 現在、ひまわり、大豆、菜種といった植物油についても、パイロット事業を行おうとしている。

き込んだ各種の MSI 活動で先陣を切っている。その例としてパーム油[8]に関する同社の取り組みがある。

　パーム油は有用な植物油である一方、大規模プランテーションによる熱帯林からの転換、用地取得に伴う地元住民の権利の侵害、不適切な農薬の使用による水質・労働者の健康への影響、低賃金・危険作業等の労働問題が指摘されている。同社は、マレーシア、インドネシア、西アフリカ等における研究と経験、幅広い関係者との対話を踏まえて、「持続可能なアブラヤシ農業のためのグッド・プラクティス（GAP）」を 2002 年 9 月に作成した。GAP には、労働に関する法令の遵守、原生林の転換の禁止、新規プランテーションでの環境影響評価の実施、統合的な農薬管理、生産者との公平な契約——などの条項が含まれている。

　同社は、パーム油の生産、加工、流通関連企業や銀行、NGO などで組織する「持続可能なパーム油のための円卓会議」の立ち上げにも積極的に関与し、上記の GAP の経験をもとに「持続可能なパーム油のための原則と基準」策定に関する議論を牽引する役割を果たした。

(4) 調達のグローバル化に伴う責任範囲の拡大

　世界の農産物、海産物資源の巨大なユーザーとして、同社の責任は大きく、NGO からの視線は厳しい。持続可能な農業の実現に向けて、さまざまな取り組みを展開しているがガイドラインなどはまだ抽象的であり、とるべき活動や調達基準がそれほど明確にはなっているとはいえない。今後は同社が、個別具体的な調達ガイドラインにどこまでコミットし、どこまで関連情報を公開するかが注目される。

　また、多くの経験とステークホルダーとの対話を踏まえてユニリーバが構築した戦略や取り組みは、他社においても十分展開可能なものであると考えられる。

---

8)　アブラヤシから採れる油。パーム油は、マーガリン、即席麺やスナック菓子などの揚げ油、調理用油、洗剤、塗料、インク、化粧品などの原料として使われる。

4.2　原材料調達マネジメントでの実践のポイント

　原材料調達の場面では、労働関係の調達管理で行うような規格に基づく厳格な監査やモニタリング方式はとられない。企業内で体制を構築し管理する場合もあるが、一般には原材料の産出地域での対策を具体的にどう行うかに焦点があてられる。どのようにCSR調達に取り組んだらいいのか、先行する欧米企業の経験を踏まえ、実践の要点を押さえておこう。

4.2.1　直面する事態を認識する

（1）　問題の所在を探る

　対象となる原材料調達の拠点は経営機能の場から離れた地域であり、本社中心の経営層が、何が起こっているのか実態を把握していないことも多い。問題になる事例は、採取や採掘の現場を現地事業所任せになっているケースだ。まずは、問題が起こっている、あるいは起こりそうな現場について、しっかり現状把握しておくことである。詳細の実施要領は現地に任せるとして、事業戦略に影響を与えるような重要な事項については本社が把握しておけるように、直轄の体系を持つことが必要である。

（2）　事実や根拠を得る

　問題になるケースは、外部からの指摘によって事態を初めて知ることが多い。社外のステークホルダーから寄せられる懸念や関心を無視せず、そこから問題を確認する姿勢が必要である。ただし、ステークホルダーの間では課題のとらえ方や見解が異なるため、解釈が折り合わないことがある。時には誤った事実に基づいた主張もある。当該地域の法規制や政府の方針など、現地でのルールや慣行などの情報を収集し、さらには、研究機関などの専門的な見地からの論拠も得ることで、判断のための根拠の裏づけを得ておく。

4.2.2　自社内でとる対策

(1)　当該分野のフレームワークに参画
　環境や人権の立場から実態を暴き、問題を指摘する市民グループと、市場経済の仕組みに沿って自然資源を消費し続ける企業。自然資源を巡って両者の主張がうまくかみあわないのは当然である。問題に直面しているのは、自社だけではない。同様の立場にあったり同地域で操業している企業との協力は有効である。すでに欧米企業が積極的に取り組みを進めている場合、単独企業を超えた共同イニシアティブがあれば参加を検討してみる。このようなネットワークは一般に複数の立場のステークホルダーで構成されており、工業会など企業組織ではない。それゆえ、情報収集など、受動的な参加には適さない。共同の枠組みや規定などを活用、遵守するのみならず、問題解決に向けて自ら貢献する協働意識が必要である。これによってメンバーとの連帯感も生まれ、地域との誤解なども解消されることが期待される。

(2)　持続可能な発展の視点が基本
　CSR配慮の基本は、地球規模での持続可能な発展にある。企業の論理を中心とした方針ではなく、ステークホルダーの立場から地球全体の利益を考えることである。原材料については、自然由来の素材や原料を使うことが「環境によい」行動と思われがちだが、素材の性質だけが問われているのではない。原材料を生産する地域での自然保全、地域の住民の生活を脅かさない展開など、サプライチェーンの先まで含めた配慮が、CSR調達である。コーヒー豆を例にとってみよう。有機栽培による豆は消費者にとっての安全性に配慮した製品といえる。しかし、その豆がコーヒー農園の労働者の過酷な労働で生産されているとしたら、これはCSRを配慮した豆といえるだろうか。生産地の持続性まで配慮した豆を扱うことが、サプライチェーンに配慮した調達といえる。

　日本企業がまず挙げるステークホルダーは国内の消費者であるが、サプライチェーンの過程にかかわるさまざまなステークホルダーへの配慮こそが、グローバルで問題となっている原材料調達でのCSRである。製品を通してその向

こう側の世界にまで CSR 配慮に取り組むことがこれからは必要になる。

(3) 調達方針と計画を作る

持続可能な視点を基本にした自社の調達方向がつかめたところで、自社内の調達方針と計画を作る。この時点から自社独自の判断だけでなく、ステークホルダーとのエンゲージメントが必要である。NGO の意見を聴取したり、またより突っ込んだ事例では NGO と共同で調達方針や計画を策定することも増えてきている。NGO の側も、批判一辺倒の団体だけでなく、企業の戦略策定に CSR 配慮を組み込む作業を一緒に行うコンサルティングタイプも出てきている。例えば、自然保護運動ではじまった国際 NGO の WWF は積極的で、"Doing business with business" というプロジェクトの中で企業の環境行動にかかわっている。方針や基準は社内やサプライヤー向けだけでなく、ステークホルダーへのアカウンタビリティを示すものでもある。

(4) 生産地への支援

CSR 調達とは、そもそも先進国の消費者の需要を満たすことにしか向いていない産業行為を批判されたことが発端である。原材料調達においては、消費者よりも原産地でのステークホルダーが最重視される。したがって、生産地の支援という視点は欠かせない。これには、公正な事業を継続するという経済的な面に加え、地域の生活向上につながる社会貢献活動を CSR 活動の一環として戦略的に行うことも含まれる。地域貢献については、日本企業も古くから行っている面はあるが、一時的であったり駐在員の個人的な意向によることが多かった。調達プロセスのなかに組み込み、事業戦略のひとつとして説明できるような体系的な地域との共生を再確認されたい。

4.2.3 ステークホルダーとのエンゲージメント

(1) 問題の所在にかかわっている主要なステークホルダー

原材料調達でのサプライチェーンにおいては、問題の所在が比較的明確であ

る。従来は、国または国際レベルでの法規制やルールに従っていればよかった。しかし、政府に任せていては運用上抜け穴が多いということで、民間主導の行動が重要な役割を果たしつつある。法令遵守よりも自主的な活動の有用性がいわれるようになったのである。

　国際的なNGOは、政府機関の隙間を埋める存在であり、彼らの主張や組織力は強大化している。主要なステークホルダーを認識し、良好な関係を作る姿勢を持つことが大事である。日本国内ではこのような政治力と専門力を持つNGOが少ないため、日本企業はこの存在の重要性を認識しきれていないが、海外では企業よりもNGOのほうが信頼が高く、認められた専門組織ともいわれる[9]。

(2) 対話して歩みよる

　海外の一般市民の間では、自然資源にかかわる事業を行う企業に対する不信感が根強い。ステークホルダーの姿勢には、「会社は警戒してかかっていくもの」というスタンスもみられる。しかし、企業側も警戒から近づいてはますます偏見が積もる。まず、何を問題と見ているのか、直接コンタクトをとり対話していくことである。その際、担当者のみならず、組織のトップが自らステークホルダーの立場まで下りてくる姿勢が重要だ。コミュニケーションのためにも担当の窓口がその都度変わるのでなく、ある程度固定するほうがよい。いったん良好なコミュニケーションが図られれば、どのような対策を打つべきかなどの相談相手ともなれる。

(3) 社内体制作りより協調のプロセスが重要

　NGOの環境保護や人権擁護の視点は、時に極端になることもあり、企業はNGOの主張を全ては取り入れられない事態に直面する。そのために、マルチ・ステークホルダーによるラウンドテーブルで、両者が歩み寄る協議の場を持つことが有効になる。

---

9) Environics-Gallup Poll, 2003

例えば NGO から事業への批判を受けた場合でも、その NGO にオープンで明確な姿勢を示したほうがよい。不条理な要求だからといって回答を見送るのではなく、企業の立場を示し透明性の高い情報を提供・報告していく。さまざまな価値や主張を持つ市民に対して企業が聞く耳を持ち、解決に取り組んでいく用意があることを示すことが基本である。ここで利害の異なる立場から、共通の問題の解決策を検討し合い、それを事業活動の中で実践していくことがエンゲージメントである。

　自然界での問題にすべて解決策を見出せるものではない。同じ問題に対しても見解が180度違い、なかなか合意できないことが往々にしてある。問題を完全に解決できなくても、解決に向けた対策にそれぞれの立場で取り組み、少しでも改善につなげていくプロセスが求められる。CSR とは社内で体制を構築できれば仕上がりというものではなく、こうしたアプローチをステークホルダーと共有していく息の長い取り組みといえる。

参 考 文 献

・財団法人地球・人間環境フォーラム：『欧州の持続可能な木材調達戦略〜政府・業界・企業・NGO の取り組み』、2004 年 7 月
・「フェアウッド推進フォーラム」（2004 年 12 月開催）資料
　"B&Q Social Responsibility Review 2003-05"、http://www.diy.com/
・日経 CSR プロジェクト編：『CSR －企業価値をどう高めるか』、日本経済新聞社、2004 年
・谷口正次：『入門・資源危機　国益と地球益のジレンマ』、新評論、2005 年
・Unilever, *Growing For the Future II: Unilever and sustainable agriculture*
・Unilever, *Palm Oil – A Sustainable Future*
・Proforest, *Defining sustainability in oil palm production: an analysis of existing sustainable agriculture and oil palm initiatives - Discussion paper for the Round Table on Sustainable Oil Palm*, 2003

第5章
CSRサプライチェーンマネジメントの導入、実行

第5章　CSRサプライチェーンマネジメントの導入、実行

　CSR調達においては、価格や品質といった重要なテーマと同じレベルでCSR項目を管理するため、権限の設定によっては価格や品質が優れていてもCSRの面で取引が停止されるケースも考えられる。以下では、行動規範とモニタリングを中心としたCSRに関するサプライチェーンマネジメントを想定し、調達企業が仕組みを構築するステップをPDCAサイクルの順を追って解説する。加えて、このところ重要性を増しているCSRに関する情報開示の中で、サプライチェーンマネジメント情報の開示がどうあるべきかについて論じる。

　なお、他章においては一般的な用語として「監査」を用いているが、会計界における「監査」は「会計監査」を意味し保証業務の一種類とされる。一般的に、CSR調達において実施されている監査は保証業務にはあたらないため、本章においては、「監査」ではなく「モニタリング」という用語で統一している。

5.1 CSRサプライチェーンマネジメント

　欧米企業を中心に行われてきた行動規範とモニタリングを用いたマネジメントは、自社ブランド製品の生産を他社に委託している衣料品産業のように、自社のリスクがサプライヤーに潜在している企業が先行して採用してきた。

5.1.1　概要と目的

　このマネジメントは、サプライヤーに対して、CSRに関する調達基準（行動規範）を提示し、遵守状況をモニタリングする一連のプロセスの中で、サプライヤーのCSR意識を啓発し、サプライチェーンに潜在するCSRリスクを低減することを直接の目的としている。最終的には、その継続的な取り組みによってリスクの顕在化を防ぐとともに、自社製品の社会的信頼をアピールすることで、サプライチェーン全体の価値を向上させようとするものである。

5.1.2 マネジメントフロー

ISO マネジメントシステムとして企業に定着した感のある PDCA サイクルが、CSR サプライチェーンマネジメントにも適用することができる。例として、図表5-1のようなマネジメントフローが考えられる。

図表5-1　マネジメントフロー

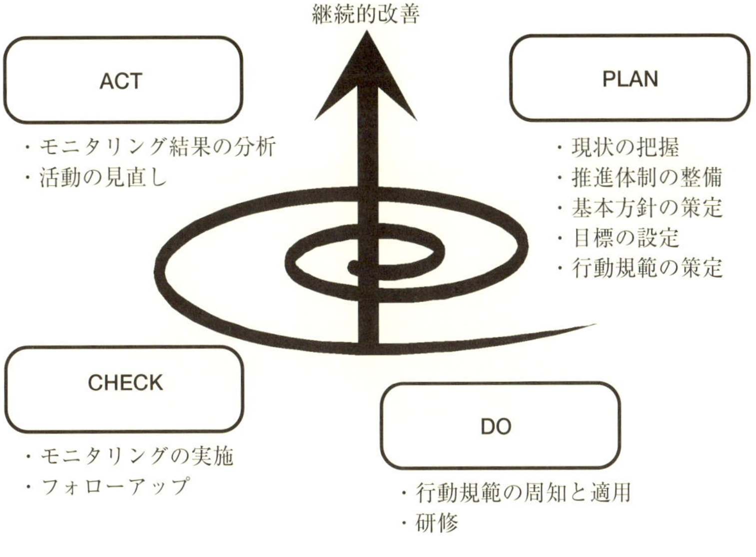

継続的改善

ACT
・モニタリング結果の分析
・活動の見直し

PLAN
・現状の把握
・推進体制の整備
・基本方針の策定
・目標の設定
・行動規範の策定

CHECK
・モニタリングの実施
・フォローアップ

DO
・行動規範の周知と適用
・研修

5.1.3 マネジメント運用の意義

サプライチェーンのCSRにおいてPDCAサイクルを構築、運用することには以下の意義がある。
(1) 適切なサプライヤー管理とその拡大
(2) 継続的なCSRへの取り組みの重要な一部
(3) リスクマネジメントの一環
(4) 内部統制の有効なパーツ

5.2 基本計画

CSRサプライチェーンマネジメントを継続的かつ効果的に実践していくためには、計画段階において、自社の取り組みやサプライヤーの現状を把握したうえで基本方針に基づいた明確な目標を設定し、それを実現するために権限と責任を持たせた実行力のある推進体制を整備することが不可欠である。

5.2.1 現状の把握

(1) 既存の取り組み状況

既存の取り組み状況の把握は、CSRサプライチェーンマネジメントを本格化させるにあたって、重点の置き方や従来の管理では漏れている管理項目を特定するために不可欠といえる。従来の管理においても、以下のように、一部ではあれCSRに関する項目を無意識のうちに管理しており、これらとの整理が必要となる。

1) 従来の調達管理で行われているCSR
  (a) 調達物に関する品質、安全性
  (b) 損害賠償責任の原因となる法令違反
2) 既存のマネジメントシステムで管理されているCSR
  (a) サプライヤーの品質保証はその労働環境をあるレベルに維持する
  (b) 環境マネジメントシステムはサプライヤーに一定の環境配慮を促す

(2) 現地法令等の調査

グローバル化したサプライヤーには多様な国や地域が想定される。固有の価値観に根ざした地域の習慣、社会制度、さらには経済の発展度合いなど、国や地域によっては日本の「常識」が通用しないケースが多くある。特に法令遵守はCSRの基礎となるため、地域特性を反映した労働法や環境法などの主要な法令について、日本との差異を把握しておく必要があり、以下のパターンが想定される。

(a) 法令の体系が異なる
(b) 日本にある法令が存在しない（あるいはその逆）
(c) 日本は違法でも現地は合法（あるいはその逆）
(d) 法令の運用状況が異なる

なお、自社でこうした現地情報を入手できない場合は、こうした情報提供をビジネスとして行っている企業やグローバルな活動を行っている組織を通じて得ることができる。

(3) サプライヤーのサンプル調査（書面・実地）

方針や具体的な目標を設定するにあたっては、現地法令などの情報を把握すると同時に、サプライヤーの現状を把握しておくことが有用である。この段階での調査は、あくまで概括的に状況を把握するためのものである。詳細な調査ではなくアンケートなどによる調査を行ったうえで、そのうちから一定件数をサンプリングし、アンケートの回答内容を確認するための実地調査を実施する。

このサンプル調査を行う際には以下の事項について留意する必要がある。
1) 調査目的について事前に十分な説明を行う
2) 調査書面について用語の意味などを十分に説明する
3) 回答者にかかわらず一定の回答が得られるような調査内容にする
   （記述式ではなく選択式にするなど）
4) 客観的な事後分析が可能となるような質問内容にする
5) データに関する質問は回答を得るのが困難な場合が多い
6) 回答したサプライヤーに対して情報提供などのメリットを付与する
7) 実地調査先の選定にあたっては恣意性がないことを明確にする
8) 実地調査先には改善ポイントの提示などのメリットを付与する

5.2.2 推進体制

CSRサプライチェーンマネジメントを継続的かつ効果的に実行するためには、権限と責任を明確にした推進体制の構築が不可欠である。

(1) 担当役員

マネジメントの推進には、実際にその力となる予算や人員などの経営資源を必要に応じて割り当てることが必須となるが、それを実現するためには担当役員の存在が重要なポイントとなる。また、サプライヤーの説得や部門間の利害調整などにおいてもその役割は重要なものである。

(2) 担当部署

主に、以下の3つのパターンが担当部署として想定される。いずれにしても、横断的な体制を作ることが望まれる。また、サプライヤーに顕在する課題の解決要請するにあたっては、調達企業の生産・販売体制を見直す必要があるケースが多く、生産部門等からの理解を得ることが重要である。

1) CSR推進部署

マネジメントを主導する部署としては適切であるが、現時点ではCSRを全社的に推進するような強い権限を持った専門部署が設置されている企業は少数派であろう。また、当該部署がマネジメントを推進する場合であっても、調達部門や法務部門との連絡を密にする必要がある。

2) プロジェクトチーム

CSRに関するサプライチェーンマネジメントは、リスクマネジメントの一環として重要なテーマとして取り上げられることが多く、社内プロジェクトとして行われるケースもある。関係する部署は、CSR部署、調達部門を中心に、法務、広報などが加わった組織横断的な推進体制とするのが効果的である。

3) 調達部門

従来の調達管理の一環として実施することも考えられるが、調達部門の専任事項としてしまうと、CSRの観点が価格や品質といった事項に劣後されがちになり、当初の目的を果たせなくなる恐れがある。調達部門はこれまでのサプライヤーとの関係上、1) 2)の場合であっても何らかのかかわりをもつ必要がある。

5.2.3 基本方針

　企業がサプライチェーンの CSR に取り組む実質的な動機は、リスクマネジメントやブランド力の向上であるが、こういった動機を全社的な活動として説得力を持たせるためには、図表5-2のように、経営理念や自社の企業行動指針の具体的な展開として位置づけた基本方針を設定するのが望ましい。一定規模以上の企業は、CSR を意識した経営理念や企業行動指針を有していることが多い。また、企業によってはすでに明文化されている調達方針に CSR に関する事項が含まれている場合も考えられるが、この場合は、基本的に重要な事項が網羅されているかを確認する必要がある。

　CSR サプライチェーンマネジメントの基本方針に含めるべき事項として、以下のようなものが挙げられる。

1) サプライチェーンの価値向上に向けた決意
2) サプライチェーンで扱われる製品サービスの性質およびサプライチェーンの規模や広がりが持つ CSR との関連性
3) サプライチェーンにおける主要なステークホルダー
4) サプライチェーンにおける CSR 上の重要課題
5) CSR サプライチェーンマネジメントの推進体制のあり方
6) CSR サプライチェーンマネジメントの継続的な推進と計画
7) CSR サプライチェーンマネジメントの重要事項について文書化し関係者に周知すること
8) CSR サプライチェーンマネジメントの推進状況を社会に対して公表すること

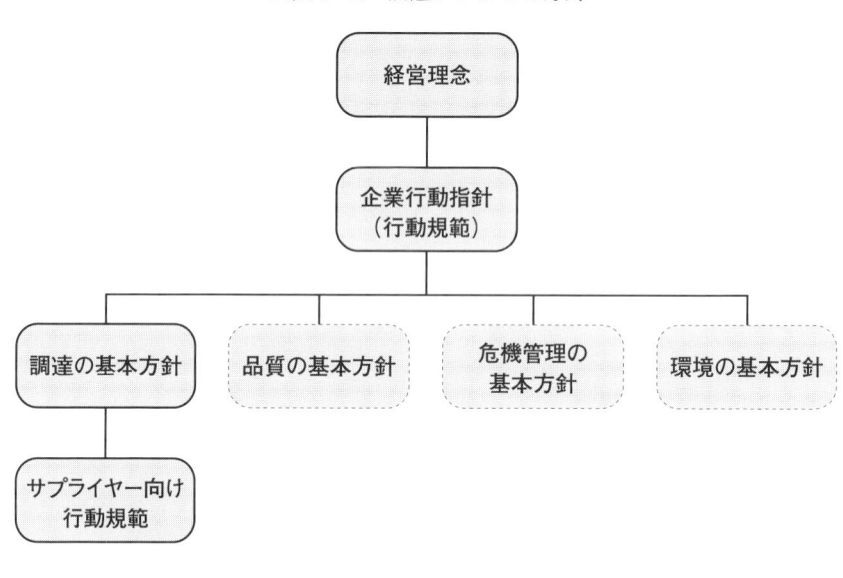

図表 5 - 2　調達にかかわる方針

```
経営理念
  │
企業行動指針
（行動規範）
  ├──────────┬──────────┬──────────┐
調達の基本方針  品質の基本方針  危機管理の    環境の基本方針
  │                          基本方針
サプライヤー向け
行動規範
```

5.2.4　目標設定

　CSRサプライチェーンマネジメントを実際に推進していく際、具体的かつ実現可能なレベルの目標の設定が欠かせない。具体的な目標の設定は、その達成度合いに関する実効的なチェックとともに活動の原動力となる。

(1)　目標設定の留意事項
　設定すべき具体的目標は業種・業態や活動レベルによって異なるが、目標設定にあたって留意すべきポイントはそれほど変わることはないであろう。目標設定におけるポイントとして、以下の事項が挙げられる。
  1)　「基本方針」と整合すること
  2)　目標設定の具体的な手順を定めて文書化する
  3)　目標の設定と見直しの時期を明確にする
  4)　達成度合いが測定できること

5) 実現可能な短期目標と中長期的な目標を関連づけて設定する
6) 中長期目標実現までのロードマップを定める
7) ステークホルダー、特にサプライヤーを納得させられること

(2) 2つの視点

　目標設定にあたっては、常に、マネジメント自体のレベルアップとマネジメント対象とするCSRパフォーマンスの向上という2つの視点から考える必要がある。前者の例としては仕組みに含めるサプライヤーの範囲、モニタリング先の数、モニタリングレベルといったものがあり、後者の例には長時間労働に関する不適合件数の削減や環境基準値違反の件数削減といった目標が考えられる。

5.2.5　全体的なスケジュール

　CSRサプライチェーンマネジメントの場合、スケジュールは社内調整だけでは足りず、サプライヤーや、場合によっては外部モニタリング機関の都合も反映する必要がある。実際にマネジメントを運用しはじめると、当初考えていたスケジュールどおりに進まないことが多く起こるので、当初からそうした状況を考慮したスケジューリングが必要となる。

　スケジュールに関するトラブルを未然に防止するためには、関係者による事前のコミュニケーションが重要となる。スケジューリングにあたっての主な留意事項として、以下が挙げられる。

1) 全体的な概略スケジュールを立て、詳細なスケジュールを作成する
2) 特にサプライヤーの意見を反映させる
3) 頻繁にコミュニケーションをとる
4) 全体イメージが共有できるようなスケジュール表を作成する
5) スケジュール調整にあたっては担当役員のリーダーシップを利用する
6) 個別スケジュールはその実行のためのプログラムと整合させる

　次ページの図表5-3では、初期スケジュール例を示しているが、これは実施規模やサプライヤーとの関係など、多くの要因によって大きく左右される。

図表 5-3　スケジュール例

期　間	項　目	内　容
1カ月目	体制構築	・組織体制の構築 ・文書類の整備
2カ月目	現状調査	・関係法令の調査 ・サプライヤーの現状調査（サンプリング）
3カ月目	方針、目標の設定	・基本方針の策定 ・短期、中期目標の策定
4カ月目	行動規範の策定	＊5.3.3項参照
6カ月目	研修	・社内向け研修 ・サプライヤー向け研修
9カ月目	モニタリング	・モニタリング計画の立案 ・モニタリングツールの作成 ・事前調整 ・モニタリングの実施 ・結果の報告
15カ月目	フォローアップ	・フォローアップ計画の立案 ・事前調整 ・フォローアップの実施 ・結果の報告
16カ月目	見直し	・運用結果の分析 ・取引の再検討
18カ月目	情報開示	・情報開示レベルの検討 ・原稿の作成 ・外部公表

5.3 サプライヤーのための行動規範の策定

5.3.1 行動規範とは

(1) 一般的な行動規範

　行動規範は、経営理念と密接にかかわりながら、企業とその構成員が事業活動を遂行するにあたって尊重すべき具体的な指針をいう。その内容は、企業が自らの経営理念を実現するうえで必要な多くの要素を含み、通常、社会的な観点から策定される。

(2) サプライヤーのための行動規範

　サプライヤーのための行動規範とは、調達企業がサプライヤーに対して遵守を要請する事項を文書化したもので、調達企業にとっては、マネジメントの判断基準として機能する一方、サプライヤーにとってはCSR行動にあたっての行動指針となる重要なものである。

　この種の行動規範は、企業独自のもの以外にも業界団体あるいはNGO等が設定しているものがあり、主に次のようなものが挙げられる。

　1) SAI(Social Accountability International)のSA8000
　2) ETI(Ethical Trading Initiative)のBase Code
　3) FLA(Fair Labor Association)のWorkplace Code of Conduct

5.3.2 策定にあたっての留意事項

　サプライヤーのための行動規範は、サプライヤーにとって調達企業との良好な取引関係を維持するために遵守すべき指針となるが、その遵守に際して調達企業との間に経済的な利益相反が生じることもあるため、策定と適用にあたっては十分なコミュニケーションが必要となる。

(1) 自社行動規範との関係

本来、行動規範でサプライヤーに求める事項は、調達企業においても遵守すべき行動規範となっていなければ矛盾が生じる。特に調達企業が自社の行動規範を社会的に公表している場合は、サプライヤーに求める事項と自社の規範に不整合があったり、自社よりも厳しい内容を要求したりすると、当該企業の信頼を損ねる危険性がある。

(2) 調達契約内容との整合性

自社で販売する商品をサプライヤーに生産委託をしている場合や、商品を構成する主要な部品の生産をサプライヤーに依存している場合においては、サプライヤーの行動が調達のブランドに影響を及ぼす恐れがあるために、契約上、法令違反や損害賠償に関する規定を置くのが通常である。サプライヤーのための行動規範で記述される内容は、それらの調達契約で規定されている内容との整合性をとって決定する必要がある。

(3) 公正取引との関連

サプライヤーのための行動規範の内容が本来の目的を大きく逸脱したり、行き過ぎたものとなったりしている場合には、調達企業が優越的な地位を濫用する行為として、独占禁止法上、公正取引を阻害するものと認識される恐れがある。また、業界団体で策定された行動規範を使用する場合も、内容が行き過ぎたものであれば、独占禁止法上のカルテルとして、競争制限的とみなされる可能性がある。

5.3.3 サプライヤーのための行動規範に含める内容

サプライヤーのための行動規範に含める内容は、CSRに関する項目全般が対象として考えられる。しかし、欧米企業における行動規範では労働者の人権保護、適正な労働環境、賃金支払いおよび労働時間などに重点が置かれているケースが多い。一方、日本企業の場合、ISO14001などへの対応から環境に関

する調達方針が策定されているケースが多くある。

また、2.2.3項で述べたEICCには、労働、環境、安全衛生、公正な取引慣行および対象項目に関するマネジメントシステムなどが含まれており、かなり広範な内容となっている。それら以外でも、品質、製品安全、情報セキュリティおよび顧客満足なども重要なCSRテーマとして挙げられるが、これらについては従来から確立されている品質マネジメントなどの仕組みが存在するため、サプライヤーのための行動規範には含めないケースも考えられる。

5.3.4　サプライヤーのための行動規範の策定

サプライヤー向けの行動規範の策定にあたっては、図表5-4に挙げたステップと留意点を踏まえることが望まれる。

図表5-4　サプライヤー向けの行動規範の策定ステップと留意点

```
┌─────────────────────────────────┐
│ 取引先の基礎情報（規模、購買品、取引 │
│ 量他）について整理する              │
└─────────────────────────────────┘
              ↓                        ┌──────────────────────┐
┌─────────────────────────────────┐   │ 現状調査(サンプル調査)の │
│ 自社及びサプライヤーの事業リスク、  │   │ 結果を考慮する         │
│ アピールポイントを整理する          │   └──────────────────────┘
└─────────────────────────────────┘
              ↓                        ┌──────────────────────┐
┌─────────────────────────────────┐   │ NGO、業界団体、同業他社 │
│ 国際条約、サプライヤーが所在する主要│   │ 等が策定した行動規範を参│
│ な地域の関連法令等を調査する        │   │ 考にする               │
└─────────────────────────────────┘   └──────────────────────┘
              ↓
┌─────────────────────────────────┐
│ 行動規範の原案を作成する            │
└─────────────────────────────────┘
              ↓
┌─────────────────────────────────┐
│ 行動規範の原案の検討、調整          │
└─────────────────────────────────┘
              ↓                        ┌──────────────────────┐
┌─────────────────────────────────┐   │・自社の経営層、関連部門等│
│ 行動規範の発行                      │   │  の意見を踏まえる      │
└─────────────────────────────────┘   │・主要なサプライヤーに意見│
                                       │  を求める              │
                                       └──────────────────────┘
```

5.4 対象サプライヤーの選定

　CSRに関するサプライチェーンマネジメントの対象は、本来、可能な限りサプライヤー全体を網羅することが望ましいが、取引上の力関係や取り組みへの理解度、さらにはサプライヤー数の多さといった問題からすべてのサプライヤーを網羅するのが困難な場合、一定の基準をもとに対象とするサプライヤーを選定する。

5.4.1　選定の場面

　サプライヤーを選定する場面は、マネジメントの対象とするか否かというほかにいくつか考えられ、調達企業は各場面に応じて一定の基準を定めて対象サプライヤーを選定する。
1)　マネジメント対象とするサプライヤーの選定
2)　現地モニタリングを実施するサプライヤーの選定
3)　フォローアップモニタリングを実施するサプライヤーの選定

5.4.2　場面ごとの選定

(1)　マネジメント対象とするサプライヤーの選定
　マネジメント対象とするサプライヤーの選定にあたっては、取引量や取引額といった基準が考えられる。技術的な理由などで代替性のないサプライヤーは取引上の力関係からマネジメントの対象とできないことが予想されるが、こうしたサプライヤーであっても、取引に重要性があれば極力対象とすることが望まれる。

(2)　現地モニタリング先の選定
　CSRの状況に関する現地モニタリングは時間とコストを要するために、数が多い場合には一定の基準に従ってモニタリング先をサンプリングすることに

なる。選定の基準としては、書面調査の結果、取引量、事業規模、地域性などを参考とするが、どれかひとつの基準でサンプリングするのではなく、いくつかの属性に関する判断基準を選択し、それぞれの属性を代表する先をサンプリングするとよいであろう。

(3) フォローアップモニタリング先の選定

フォローアップモニタリングは、現地モニタリングの結果、何らかの問題点が検出された先を対象とする。選定基準として、項目の重要性や問題のレベルを予め決めておくことが求められる。

例えば、ナイキの *Corporate Responsibility Report fy04*, 2005 では、マスターアクションプラン(Master Action Plan : MAP)における不遵守事項をレベル分けし、それらが各々どの程度の割合で検出されたかにより、工場を4段階(A, B, C, D)に格付けしている（図表5-5参照）。

ここでは、「マスターアクションプラン(MAP)においてマイナーな問題点が5つ未満の場合」、「MAPにおける期限切れの改善計画が20％未満の場合」は、最も良いグレードAにランクされる。「Dレベルに相当する重大な問題が1つある場合」や「MAPにおける期限切れの改善計画が40％以上の場合」は最低のグレードDとなる。

「Dレベルに相当する重大な問題」としては、「14日に及ぶ連続労働」、「法定最低賃金を満たしていない」、「妊娠テストを実施している」などが挙げられている。

フォローアップモニタリングの実施対象先、または取引の継続を検討していくうえでこのような自社基準が必要であり、これらは調達方針の基本方針と整合しているものとなる。

図表 5-5　ナイキ　コンプライアンス評価基準

評価	コンプライアンス評価基準	解説／詳細
A	基本行動計画に関する軽微な発見事項が5項目未満であり、基本行動計画における期限切れの項目が20％未満	・違反項目がCまたはD（下記）で定義されたレベルに達していない場合
B	基本行動計画に関する、軽微な発見事項が5項目以上あるが、深刻または重大なものではなく、基本行動計画における期限切れの項目が30％未満	・違反項目がCまたはD（下記）で定義されたレベルに達していない場合
C	基本行動計画に関する、1つ以上のCレベルの発見事項があるが、Dレベルはない場合、および、基本行動計画における期限切れの項目が30％未満	・雇用に関する基本事項（契約、契約条件に関する研修、同一賃金、差別的なスクリーニング）の欠如 ・移民労働者の取り扱いに関する現地法への違反 ・所得保障に関連しない範囲で、手当が法的基準を満たしていない場合（例：休暇） ・過剰な労働時間：労働時間が週60時間以上72時間未満の場合 ・全従業員の10％またはそれ以上が、法で定められた年間残業時間の制限を超過している場合 ・従業員が、7日間のうち1日の休日を与えられていない場合 ・口頭、または心理的ハラスメントや嫌がらせがあった場合 ・従業員が、中程度のケガまたは疾病を引き起こしやすい状況 ・環境やコミュニティへ中程度の悪影響があるような状況

D	基本行動計画に関する、1つ以上のDレベルの発見事項があるか、または、期限切れの重大事項がある場合。または、40％の基本行動計画が期限切れの場合	・行動規範に従う意思がない場合 ・認可済みのNikeコンプライアンス調査員のアクセスを拒否する場合 ・記録の偽造および、情報を偽るよう従業員を指導した場合 ・家庭労働、非認可の下請け契約を行っている場合 ・未成年労働者を雇用している場合 ・強制労働：負債労働者、契約労働者、囚人労働者 ・法的に認められているにもかかわらず、結社の自由の権利を否定している場合 ・妊娠テストの実施 ・立証済みの暴行や性的虐待があった場合 ・法的賃金に満たない賃金 ・所得保障に関連した手当の拒否 ・検証不可能な時間計測システム ・全従業員の10％かそれ以上が1日当たりの法定労働時間を超えているか、週72時間を超えて労働している場合 ・従業員が、14日間のうち1日の休日を与えられていない ・従業員が、死亡に至るまたは深刻なケガを引き起こしやすい状況 ・環境やコミュニティへ深刻な被害があるような状況

（資料）Nike, Inc., *Corporate Responsibility Report fy04*, 2005

5.5 研修

　CSRに関するサプライチェーンマネジメントの推進にあたっては、他のマネジメントの構築運用と同様、研修は不可欠で重要な要素である。研修の対象はマネジメント対象となるサプライヤーの関係者および推進主体となる調達企業内の関係者がその範囲となる。

5.5.1 研修の目的と方法

(1) 研修の目的

研修の目的は、CSRサプライチェーンマネジメントを有効かつ効率的に実施するために必要なスキルと意識を身に付けた活動の中心となる人材育成と、その周辺で活動に協力すべき関係者の意識啓発にある。

CSRをどのようにとらえるのかは企業それぞれで異なり、またマネジメントにおける立場の違いによって身に付ける知識や意識レベルは異なってしかるべきであるが、知識と意識の方向性は一貫していなければならない。CSRの背景にある考え方や事実認識について共有化したうえで、企業それぞれの考え方や経営上の位置づけについて関係者が共通認識することが、このマネジメントを成功させる鍵となる。

研修の主たる目的をまとめると以下が挙げられる。
1) CSRに関する共通認識
2) CSRサプライチェーンマネジメントの全体イメージの共有
3) マネジメント運用に必要なスキルの習得
4) 特にモニタリングに関するスキルの習得

(2) 研修の方法

研修は集合形式で行うことが中心になるが、CSRに関する共通認識や全体イメージの共有については、例えばeラーニングのような方法も採用できるであろう。一方で、モニタリングスキルに関しては、実際に現場で体験することで大きな教育効果が得られるため、モニタリングスキルが社内にない場合には、当初だけでも外部のモニタリング機関に研修を委託することも考えられる。

5.5.2 調達企業の経営層および関係者の研修

調達企業の推進メンバーおよび周辺の関係者に対して研修を実施する場合、対象者の役割に応じてその目的と内容は異なる。関係者の役割と必要なスキル

は図表5-6のようなものとなるであろう。

図表5-6 役割と求められる研修

対象者	対象者の役割	必要なスキル、知識
経営層	・サプライヤーに対する取り組み意義の説明 ・取り組み状況に関する管理、評価 ・経営資源配分の意思決定 ・直接関係しない社内他部署への意思表明(他部署へのトップダウン)	・CSRの概要、意義 ・CSRに関するサプライチェーンマネジメントの概要 ・取り組みの目的と効果 ・必要な経営資源
推進メンバー	・計画立案、実行管理 ・サプライヤーとのコミュニケーション ・経営層の意識啓発 ・社内関係部署への周知	・CSRに関する詳細な知識 ・主要項目に関する主な論点 ・公正取引に関する知識 ・関連する国際条約、主要な現地法令 ・モニタリングスキル
モニター	・現地モニタリング	・モニタリングスキル
その他の関係者	・サプライヤーに対する取り組み意義の説明	・CSRの意義、概要

5.5.3 サプライヤーの経営層および関係者の啓発

(1) サプライヤー経営層の理解が不可欠

　一方、サプライヤー側においても、当該マネジメントを受け入れるにあたっては、CSRに関する一定の認識レベルが必要となる。当該マネジメントへの対応にはサプライヤーに負担がかかるため、サプライヤー経営層の認識や理解が欠如する場合、良好な取引関係が阻害される恐れがある。

(2) サプライヤー担当者および現場責任者の啓発

サプライヤー担当者および現場責任者の理解が十分でない場合、モニタリングの際に調達企業と問題が起こる可能性があり、マネジメント推進にあたっては、これらの人々に対する研修は不可欠である。

(3) サプライヤーに対する研修の目的

サプライヤーに対する研修の目的は、相互理解のもとでマネジメントを円滑に推進すること、およびその推進サプライヤー自身のリスク軽減を周知してもらうことにある。実際には、モニタリング結果からサプライヤー自身の問題点や弱みが検出されることでサプライヤー自身の経営に資する場面も多く、こうした面を周知していくことは重要なことである。

(4) サプライヤーの研修内容

サプライヤーの意識レベルは、業種、規模、地域性といった要素によって、ずいぶん異なってくると思われるため、研修内容は、意識レベルの実態を見極めたうえで決定することが必要である（図表5-7参照）。

図表5-7 サプライヤーに求められる研修

対象者	対象者に周知すべき内容
経営層	・CSRの概要、意義 ・CSRに関するサプライチェーンマネジメントの概要 ・取り組みの目的と効果 ・CSRに関する主要な経営課題
現場担当者	・CSRの概要、意義 ・CSRに関するサプライチェーンマネジメントの概要 ・取り組みの目的と効果 ・各現場における主要なCSR課題
一般従業員	・自らに確保されている基本的な権利(国際条約、関連する現地法令)

5.6 サプライヤーのモニタリング

　サプライヤーに対するモニタリングは、主に、調達企業の関係者(CSR部門、購買部門など)が実施するか、または調達企業が外部の第三者機関に依頼して行われている。これらの他に、初期的なチェックとして、サプライヤー自身による自己評価を入れているケースもある。現在、その実施範囲や手法、レベルなどはさまざまで、業務の位置づけや進め方は多様なものとなっている。

5.6.1　モニタリングの目的と主体

(1)　モニタリングの目的
　サプライヤーに対するモニタリングの主たる目的は、行動規範で定めたCSRに関する要求事項をサプライヤーが実際に遵守しているのか、あるいは遵守できる仕組みがあるのかなど、従来の調達管理活動の中では把握できなかったサプライヤーの状況を把握することにある。また、このことは、結果として調達企業のリスクマネジメントの一環というのみならず、サプライチェーン全体のCSRを推進するうえで、サプライヤーのマネジメントを向上させる意味がある。

(2)　モニタリングの主体
　サプライチェーンのCSRについては、一部の産業、企業が行っている状況で、全体としては少なく、また、モニタリングという行為自体がまだ一般的ではない。さらに海外サプライヤーのモニタリングには現地語と専門スキルの両方が必須となるため、国際的なネットワークを持つ外部機関にモニタリングを委託するケースが多くなっている。調達企業が直接実施する場合でも、当初はこうした外部の専門機関からアドバイスを受けながら行うことがある。

(3)　モニターに求められる資質
　モニタリングの主体に求められる資質には、主に次の事項が挙げられる。

1) 基本的な資質
   (a) 計画性、情報収集能力、分析力、客観的な判断力、表現力
   (b) 経営全般に関する広範な知見
   (c) CSR(コンプライアンス含む)全般に関する知見
   (d) 現地語のスキル
2) 現在のモニタリングで必要とされている主な専門的資質
   (a) 雇用、人権
   (b) 労働安全衛生
   (c) 環境
3) その他あると望ましい専門的資質
   (a) 公正な取引
   (b) 情報管理
   (c) 製品安全、品質
   (d) 社会貢献活動
   (e) リスクマネジメント

しかし、一個人でこれらの資質をすべて備えることは難しいため、モニタリングにあたっては、各種の専門家を組み合わせて組織的に行う必要があるが、実務では費用と時間の制約が大きく、そうした配置を実施しているケースは、今のところ多くない。そのため、実際には複数の項目について一定レベルの知見を備えた少数のモニターが、マニュアルやチェックリストを使ってすべての項目を担当するのが一般的である。重点的なモニタリング対象がある場合は、その専門家をあてて、詳細にモニタリングを行うこともある。

5.6.2　モニタリングの客観性

モニタリングの過程や結果が当該サプライヤーとの取引関係に重要な影響を及ぼしたり、双方にとって経済的な負担を生じさせることがある。調達企業が直接サプライヤーのモニタリングを行う場合、経済的利害を越えて客観的にモニタリングすることが重要である。都合の悪い項目を避けているなど、取り組

みの客観性に疑問が生じることがないようにする必要がある。

(1) モニタリングの客観性確保の手段
・モニタリング手法や結果に関する情報開示
・第三者機関へのモニタリングの委託

一般的に認められたモニタリングの基準というべきものはまだ確立されていないため、モニタリングに関する情報開示の際には、可能な限り自社の手法を説明することになろう。第三者機関へのモニタリングの委託は、比較的導入しやすい上、モニタリングの客観性を高めることが可能である。

(2) 外部機関へのモニタリング委託

モニタリングの客観性を確保するために、外部の独立した機関にモニタリングを依頼することが、取り組み企業の間では一般化している。これはまた、調達企業のモニタリング体制の構築という厄介な問題を回避する意味もある。前述のとおり、モニタリングに際しては現地語でのコミュニケーションが必須となるが、モニタリングの対象となるサプライヤーは途上国に多く存在するため、委託先が国際的なネットワークを有する機関に限定される傾向がある。外部機関によるモニタリングの特徴として、下記の事項が挙げられる。

1) モニタリング品質が一定
 全体的、相対的な評価を実施するうえで、特に多数のサプライヤーを有する場合は、モニターのレベルが一定に確保されていることが重要である。モニタリング機関は、専門のモニターおよびモニタリングツールを備えており、組織的なモニタリングを行っている。

2) モニタリングが客観的
 第三者機関が行う場合、サプライヤーと調達企業との利害が対立する場面においても、公正で客観的な判断が期待できるため、サプライヤーが受け入れやすい面がある。

3) 国際的な動向および地域的な現状を把握している
 モニタリングの過程において、日本では想定できないような事象が判明する

ことがある。そのような場合、経験豊かなモニターは、国際的な動向、地域的な状況および経験を踏まえて、それらに対する適切な評価が可能である。

5.6.3 モニタリング項目と基準

(1) モニタリング項目

　サプライヤーに対するモニタリング項目は、企業の競争力を左右するリスク要素でサプライヤーに依存するものが対象となる。例えば、部材への有害物質の使用やサプライヤーにおける児童労働などの人権問題があり、これらは、製品イメージに決定的な影響を及ぼす。また、地球環境配慮のように直接的な事業リスクとはいえないまでも、社会的に企業が取り組むべきとされている項目や取り組むことでプラスの評価を得られる社会貢献的要素も対象となる。

　モニタリング項目の選定にあたっては、行動規範との整合性に留意する必要があり、多くの場合、それに沿ってモニタリングが行われる。

(2) モニタリングの基準

　モニタリングは、一定の手続きを経て判明した事実を一定の基準に照らし、その結果を報告するプロセスである。したがって、手続きを実施する際の決め事と、結果を述べる際の判断基準が必要となる。これらの決め事や基準は、モニタリングを実施する調達企業が決めるか、もしくは、外部機関に委託する場合には両者が協議して決定することが多い。モニタリングを受けるサプライヤーの立場とすれば、指摘される事項の中にはコストをかけて改善しなければならないこともあるため、指摘する側は、モニタリング結果の基礎となる決め事や基準を、サプライヤーに対して明確に説明できることが必要である。

  1) モニタリング手続き
　　これを業務としている外部のモニタリング機関は、それぞれ独自のマニュアルを有しているが、調達企業が実施する場合は、これを自ら策定することになる。
  2) 判断基準

事実を照らし合わせる一定の判断基準には、種々のものが考えられる。まず行動規範が絶対的なものとして存在し、そこで判断できない個別の事象については、整合する別の基準を準備する必要がある。このモニタリングで最低限チェックされるものとして法令違反があるが、ほとんど全ての行動規範において法令などへの違反を禁止しているから、雇用条件や労働安全などに関する具体的な協約や協定が付加的な基準となる。

5.6.4 モニタリングのプロセス

サプライヤーに対するCSRモニタリングのプロセスは、一般的には図表5-8のようなものとなるであろう。

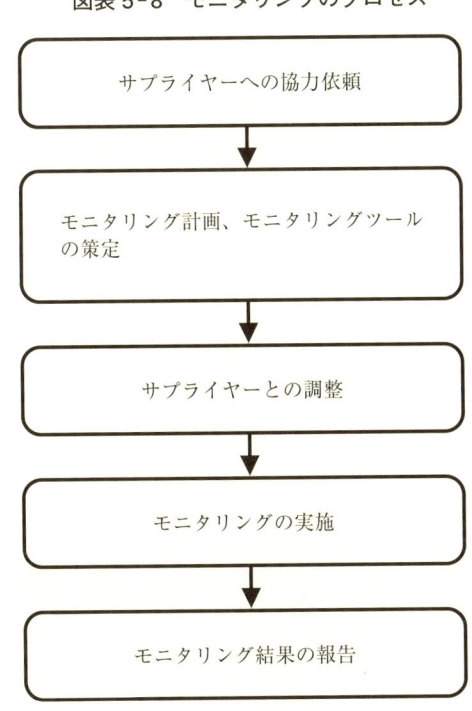

図表5-8　モニタリングのプロセス

```
サプライヤーへの協力依頼
        ↓
モニタリング計画、モニタリングツールの策定
        ↓
サプライヤーとの調整
        ↓
モニタリングの実施
        ↓
モニタリング結果の報告
```

留意すべきことは、このモニタリングは法令に基づくものではなく、サプライヤーの協力がなければ実施できないことである。好んでモニタリングを受け入れるサプライヤーは多くないであろうから、実施にあたっては、サプライヤーとのコミュニケーションを十分に図ったうえで行う必要がある。

(1) サプライヤーへの協力依頼

モニタリングの実施には、サプライヤーから一定の理解を得ておくことが大前提になる。例えば、定期的に行われるサプライヤー会議のような催しを利用して、調達企業の目的や計画の概要を明示する場合、なかには、反対意見や非協力的なサプライヤーが出てくる可能性もある。そのような場合には、個別に対応することになる。

また、モニタリングが一般化している業界もあるが、場合によっては、サプライヤーにモニタリングの目的を理解してもらうために、CSRの基本について啓発することが必要になることも想定される。

(2) モニタリング計画の策定

1) 計画に含める事項

サプライヤーから一定の理解を得られたら、モニタリング計画を具体的に策定する。計画に含める主な事項としては、図表5-9のような項目が挙げられるが、必要に応じて項目を追加または削除する。

図表5-9　モニタリング計画書に含める事項

○○年モニタリング計画書(プロジェクト全体)
・今回のモニタリングプロジェクトの目的
・モニタリングプロジェクトの体制(モニタリングチームの編成)
・対象とするサプライヤー
・全体スケジュール
・個別モニタリングの実施時期
・実施手続き(モニタリングの対象項目、重点項目等)

2) モニタリング先の選定基準

モニタリング計画の策定上問題となるのが、対象とするサプライヤーの選定である。これについては、5.4.2項でも述べたとおり、サプライヤー間の不公平感がない選定基準が必要になる。その具体的な基準として、以下が考えられる。

(a) 書面調査の結果
(b) 取引の絶対量
(c) サプライヤーの全取引に占める調達との取引シェア
(d) 事業規模
(e) 地域性
(f) 法令違反の履歴　等

(3) サプライヤーとの調整

モニタリング計画が策定され、対象とするサプライヤーが決まった段階で、モニタリング実施に向けて対象サプライヤーとの調整に入る。ここでは、詳細な日程や時間、サプライヤーの受け入れ態勢などを打ち合わせるが、特にサプライヤーがこのようなモニタリングを受けるのがはじめての場合は、準備しておく資料、モニターの執務場所、インタビューや視察対象などを説明しておく必要があるだろう。ただし、重要なことは、通常の状態で受け入れてもらうようにすることである。つまり、「モニタリング対策的」な対応をとられてしまうことは回避すべきであり、これは、モニタリングが継続的に実施される過程で、大きな課題となるケースが多い。

(4) モニタリングの実施

1) モニタリングの体制

モニタリング全体を統括するマネージャーのもとに、個別モニタリングごとのチームが編成される。チームは、リーダーおよびスタッフから構成される。モニタリングの手続きおよびスケジュールの編成次第では、延べ数日間のモニターでカバーすることも可能である。

2) モニタリングツール

モニタリングの実施にあたっては、図表5-10に挙げる、モニタリングマニュアルと参照する基準を用意する。

図表5-10　モニタリングツールと目的

モニタリングツール	目的など
モニタリングマニュアル	対象項目ごとに実施するモニタリング手続きを記載したもので、モニターはマニュアルに沿ってモニタリングを実施することにより、一定のモニタリング品質を維持できる。これらには、チェックリスト(図表5-11)、様式などが含まれる。
参照基準	モニタリングに際して常備しておき、必要に応じて参照する。行動規範のほかに、モニタリングの対象項目に関連する重要法令などがこれに該当する。

図表5-11　チェックリストの例

児童労働			
No	チェック事項	結果	結果の根拠
1	児童にあたる労働者は観察されたか	はい、いいえ 該当なし	
2	採用時に、該当労働者の年齢を適切にチェックする仕組みがある	はい、いいえ 該当なし	
3	児童労働を利用していないことを示す証拠があるか	はい、いいえ 該当なし	

3) 実施する手続き

実際のモニタリングは、責任者、管理担当者および従業員へのヒアリング、文書や資料の閲覧、視察といった具体的な手続きを組み合わせて進める。

(5) モニタリング結果の報告

外部機関の行うモニタリング業務は、調達企業とモニタリング機関の間で合

意した手続内容で行われる。モニタリング結果として得た事実は、依頼主である調達企業に対して正式に報告される。ただし、モニタリング結果は、当日現場でモニタリング機関からサプライヤーに伝えられるほか、後日、調達企業からサプライヤーに結果を通知することが多く、その進め方は契約で明示される。

1) クロージングミーティングにおける報告

　モニタリングチームのリーダーが、モニタリングの結果判明した事実をとりまとめてサプライヤー側に報告する。サプライヤー側は、関係部署の担当者に加えて経営者クラスの出席が望まれる。モニタリングの結果判明した問題点は、サプライヤーにとって業務改善のきっかけになることが多いが、それは新たな追加コストの発生につながることにもなるため、経営層の認識と意思決定がなければ、調達企業にとっても効果のある改善は見込めない。

2) 正式な報告

　モニタリングは、一定期間をかけて複数のサプライヤーに対して実施するのが一般的であり、そのすべてが終了した後に、モニタリング結果をとりまとめた報告が行われる。報告主体はモニタリング実施の責任者であり、受ける側は、調達企業のサプライチェーンマネジメント担当の責任者もしくは経営層である。結果報告書は文書で提出され、その内容には、図表5-12に挙げた事項が含まれる。

図表5-12　モニタリング報告書に含まれる事項

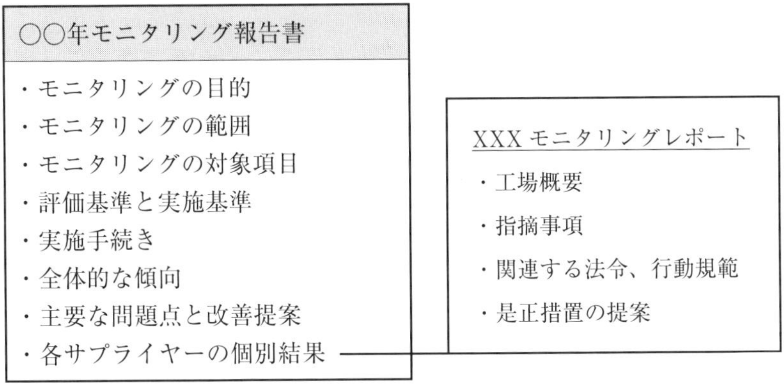

○○年モニタリング報告書
- モニタリングの目的
- モニタリングの範囲
- モニタリングの対象項目
- 評価基準と実施基準
- 実施手続き
- 全体的な傾向
- 主要な問題点と改善提案
- 各サプライヤーの個別結果

XXXモニタリングレポート
- 工場概要
- 指摘事項
- 関連する法令、行動規範
- 是正措置の提案

5.6.5 フォローアップ

モニタリングを実施した結果、問題点がないということは稀である。多くの場合、何らかの問題が検出されるため、その対応が重要となる。そのため、問題の検出されたサプライヤーへのモニタリングは一度だけではない。一定期間を置いた後に、その改善が確認されるまで、何度かにわたってフォローアップのためのモニタリングを行う。

フォローアップのためのモニタリングは、初回のモニタリングとほぼ同じような方法で行うが、その対象は、主に前回までに指摘された不遵守事項がメインとなる。特に、複数回の指摘にもかかわらず改善が見られない事項については、それに関するサプライヤーの対応方針などを、より詳細にヒアリングする必要があるだろう。

5.7 活動結果の評価と見直し

現状調査からはじまったCSRに関するサプライチェーンマネジメントは、フォローアップのモニタリングが終わるとPDCAサイクルの最後の局面に入る。モニタリングの結果判明したサプライヤーの状況を分析し、評価するほか、マネジメント運用上の課題や設定された目標および行動規範の見直しに関して、次のPDCAサイクルに向けどういった方向性で改善していくのかを明らかにし、対応の考え方を固めていく。

5.7.1 モニタリング結果の分析

一定の方法と同一の基準によって実施された複数のサプライヤーのモニタリング結果をとりまとめることによって、全体的な状況、共通の問題点、個々のサプライヤーにおける特有の問題など、さまざまな状況や傾向がみえてくる。さらに、ここで判明した種々の問題点が、サプライヤー、調達企業あるいはサ

プライチェーン全体の中で、どのようなリスクとなり、それが顕在した場合にどのような影響が生じるのかについて分析することが必要となる。
　これらは、その分析結果を踏まえて、サプライヤーに対して今後どのような是正措置を提案していくのかを考えるための重要なプロセスである。

5.7.2　不遵守サプライヤーへの対応方針

　モニタリングにおいて不遵守事項が検出されることはそれほど珍しいことではなく、こうした不遵守サプライヤーに対する対応方針を明確にしておく必要がある。

(1)　基本的な考え方
　初回のモニタリングで不遵守が検出されたとしても、その事実によって取引停止などの措置をとることは一般的ではない。しかし、不遵守の内容が明らかに重大かつ影響が深刻であることを理由に、即刻取引を停止しなければならない場面がないとはいえない。
　一般的には、モニタリングによって問題点の指摘を受けた後も改善がみられないサプライヤーに対して、勧告、警告、一部取引停止、全面取引停止といった段階的な措置を取っていくことになる。しかし、それを明文化したとしても、サプライヤーとの力関係やその他の取引環境が影響し、ルールどおりに運用できないことも想定される。また、独占禁止法などで定められる公正取引を阻害する行為ととられないように運用することも必要である。さらに、不遵守の内容によって軽重をつけることも考えられる。

(2)　改善されない事項
　指摘した事項にもかかわらずサプライヤーが改善を行わないのは、次のような理由によるものと考えられる。
　1)　改善したいが多額のコストがかかる
　2)　改善することによって別の問題が生じる

3) サプライヤーにとって調達企業との取引は重要ではない
4) 要求事項自体が実質的でない

　例えば、不当に低い賃金や劣悪な作業環境の改善のためには、賃金の引き上げや設備投資などの多額の追加コストが必要になる。また、法律で禁止されている従業員からの預り金をやめることで、勤怠状況が悪化する可能性もある。不遵守サプライヤーへの対応方針は、こうしたことをできる限り考慮したうえで原案を策定し、正式発効する前に、サプライヤーの理解を得ておく必要がある。

5.7.3　活動の見直し

　CSRサプライチェーンマネジメントをこの段階まで運用すると、このマネジメントによって、中長期あるいは短期的に何に重点を置いて解決していく必要があるのか、その解決のためには何が必要かが、ある程度浮かび上がってくるであろう。最終段階においてはそれを念頭に置きながら、既存の目標、行動規範、マネジメントの体制およびモニタリング方法などを見直すことによって、次のPDCAサイクルにつなげていくことになる。

1) 当初掲げていた目標が現状の改善に向けて適切なものなのか
2) 行動規範に含まれる項目やルールは実現可能なものか、また漏れはないか
3) 研修方法は適切かつ効果的であったか
4) モニタリングの進め方や方法に問題はなかったか
5) マネジメントを支える体制や経営資源は十分であったか
6) マネジメントに必要なルールや文書に不足はなかったか　等々

　これらの見直しは、サプライヤーの改善活動の促進につながるものでなければならないことを、常に念頭に置いておくことが重要である。

　見直した結果について、最終的に調達企業の最高経営者の承認を得ることで、活動のサイクルが完結することになる。

5.8　情報開示

　現在、一定規模以上の企業では、環境／CSR報告書の開示がかなり進んでいる。その開示範囲が、年々、環境からその他の社会的責任項目に拡大するなか、CSRサプライチェーンマネジメントに関する国内企業の情報開示はほとんど進んでいない。これは、CSR報告書の開示ルールが発展途上であることに加えて、国内企業では、一部の先進企業を除いてほとんど取り組み自体が進んでいないことに原因があると考えられる。

　とはいえ、グローバルにみればサプライチェーンマネジメントはCSRの一大テーマであり、今後、これに関する情報開示は、取り組みの進捗とともに進んでいくものと予想される。

5.8.1　情報開示の考え方

(1)　情報開示の目的

　企業がCSR報告書を開示する目的は、以下のようにさまざま考えられるが、その根底には、企業の競争優位への願望と社会的な責任感が存在している。

1) 　企業活動の透明性を向上させ、企業への信頼を高める
2) 　企業にかかわるステークホルダーの理解を得る
3) 　報告書を作成する過程においてCSRリスクを認識する
4) 　CSRに関する社内啓発のツールとする
5) 　同業他社への対抗

　企業がCSRに関するサプライチェーンマネジメントの情報を外部に開示する目的は、上記に加えて次のようなものが考えられる。

1) 　自社製品にCSR上の問題がないことをアピールし、市場の信認を得る
2) 　サプライヤーの意識啓発と取り組み促進のツールとする
3) 　サプライヤーとの一体感を高める
4) 　外部公表することによってマネジメントの緊張感を高める

(2) 情報の利用者

1) NGO

当該情報を利用するのは CSR 報告書の利用者一般だが、その中でも特に注目すべき利用者として挙げられるのが NGO である。NGO は、企業の経済活動に伴って生じる社会的弱者へのしわ寄せや環境問題について大きな関心を持っているため、逆にこうした情報を積極的に提供することで、彼らの理解と親近感を得ることが可能となる。

2) 消費者団体

CSR サプライチェーンマネジメントの状況を、国内の一般消費者がチェックし、それを基に消費行動を決定することはそう多くないが、消費者団体は、専門的かつ客観的な目で企業や製品の CSR 対応を評価し、その結果を公表することによって一般消費者の行動に影響を与える可能性もある。

3) 顧客企業

産業界においてグリーン調達は日常化しているが、今後は、CSR 調達へと発展することが予想される。調達企業が一転サプライヤーとしての立場になることはよくあることで、情報開示によって自らのサプライチェーンマネジメントの状況を企業顧客にアピールすることは、取引関係に良い影響を与える可能性がある。

4) 同業他社

サプライヤー情報は企業にとって重要情報であり、同業他社にとってみれば、CSR という観点以外にビジネス情報として極めて有用なものとなる。そのため、当該情報の開示にあたっては、ビジネス上の機密との関係に十分注意を払う必要があるだろう。また当然ではあるが、同業他社の CSR 担当者にとってはライバルの動向について知る有用な情報源となる。

5) CSR 研究者およびマスコミ関係者

CSR の研究者やマスコミ関係者は、こうした情報から自らの研究テーマや記事を作成することがある。現状ではまだ取り組み自体が少なく、一般に知られたものではないために、特に有力なマスメディアに当該情報が載ることによって自社の取り組みが注目されることも考えられる。

6) 機関投資家

社会的責任投資を運用する機関投資家が、企業のCSRへの取り組み状況とあわせて、財務にかかるリスク情報として利用することが考えられる。

(3) 情報開示のタイミングと媒体

通常、当該情報は、CSR報告書の一部分として開示される。CSR報告書の発行は、事業年度ごとであり、1年に1回のタイミングで開示されることになる。しかし最近は、冊子のみならずインターネットの自社サイトで公表するケースが増えており、このような方法は、部分的な更新や追加情報の開示が可能となるため、フレキシブルな情報開示を行うことができる。

例えば、サプライヤーに大きな問題が生じて取引停止に至った場合や、大がかりなモニタリング活動を開始するなどの情報を適時開示することは、情報の利用者にとって有用なことであり、企業の社会的信頼を向上させる要因となる。

5.8.2 情報開示の内容

(1) 開示項目

企業がCSRサプライチェーンマネジメントに関する情報を開示する場合、具体的に開示すべき項目についての社会的なルールは定まっておらず、企業の自主性に委ねられているのが現状である。とはいえ、当該情報が有用であるために求められる情報は、最低限存在するはずである。ここでは、最も開示の進んでいる衣料品会社の開示事例から、開示することが望ましい項目を挙げる。

1) CSRサプライチェーンマネジメントの全体方針
2) 目的および目標
3) サプライヤーに対する行動規範
4) マネジメント組織の状況
5) 研修の状況
6) モニタリングの概要
7) モニタリング結果

8) 今後の対応方針

(2) 定性情報と定量情報

情報開示を行うにあたっては、できる限り定量情報を盛り込むとともに、その数値を理解するための定性的な説明を加えることが大切である。全体方針や組織の状況のような項目については定性的にならざるを得ないが、その中にもできるだけ定量情報を加えることで、情報が実質を伴ったものになる。

先行する欧米企業では、図表5-13のような定量情報が開示されている。現在衣料品メーカーを含めて GRI ガイドラインの衣料品・靴産業の補足文書が検討されており、今後サプライチェーンを含めた具体的な開示項目が提示されると考えられるので、そちらも参照されたい[1]。

図表5-13 開示されている定量情報

項目	定量情報の内容
CSR に関するサプライチェーンマネジメントの全体方針	・長期的なスケジュール　など
目的および目標	・目標の数値 ・モニタリング実施のサプライヤー数 ・モニタリングの不遵守件数　など
サプライヤーに対する行動規範	・児童労働の定義とする年齢 ・労働時間　など
マネジメント組織の状況	・推進メンバー、モニターの人員数 ・マネジメントの拠点数　など

1) 2006年7月現在、GRI では同補足文書の公開コメント用の草案を作成、発表している。

研修の状況	・研修の開催回数 ・受講者数　など
モニタリングの概要	・実施期間 ・対象サプライヤー数 ・モニタリングの実施日数　など
モニタリングの結果	・項目ごとの不遵守件数 ・不遵守のあったサプライヤー数（割合）
今後の対応方針	・不遵守事項の改善状況 ・改善計画に関するスケジュール ・重点的なテーマに関する目標値　など

5.8.3　情報開示の事例

　欧米の衣料品、小売、および電機業界においては、数年前より、サプライヤーに対するCSRの取り組みが詳細に開示されはじめている。特に、衣料品会社においては、詳細なモニタリング実施件数、モニタリング結果もあわせて報告されている。例えば、衣料品のギャップの *2004 Social Responsibility Report,* 2005では、サプライヤーに対するマネジメントの方針から、組織体制（地域別の正社員数を含む）、マネジメントの進化の状況、サプライヤーのうちモニタリングを実施した工場の割合、トレーニングの状況、モニタリング結果（不遵守事項の発生状況）、NGOとの協働プロジェクトの実施状況など、取り組み状況が詳細に報告されている（図表5-14参照）。不遵守事項というネガティブな情報も含め、ギャップ社におけるサプライヤーに対するマネジメントがわかりやすく公表されており（図表5-15参照）、先進的な開示事例であると言えよう。

一方、前述したように、国内企業においては、取り組み自体が欧米と比較して遅れていることもあり、詳細な開示は行われていない。

図表5-14　ギャップ　2004工場モニタリングデータ

地域	工場数	モニタリング実施工場の割合	工場数	モニタリング実施工場の割合
	2004年度全てにおいて承諾		2004年度全て／一部において承諾	
中国圏	219	100%	423	97.9%
北アジア	64	100	138	82.6
南アジア	350	99.7	603	94.5
インド圏	299	100	525	90.9
ペルシャ湾	18	100	29	89.7
北アフリカ＆中東	30	100	92	83.7
サハラ＆アフリカ圏	53	100	103	91.3
ヨーロッパ(ロシアを含む)	91	98.9	257	81.3
アメリカ＆カナダ	33	100	151	76.2
メキシコ、中米＆カリブ	87	100	280	91.1
南米	34	100	71	93.0
	1,278	99.9%[1]	2,672	90.4%

（資料）Gap Inc., *2004 Social Responsibility Report*, 2005

5.8 情報開示

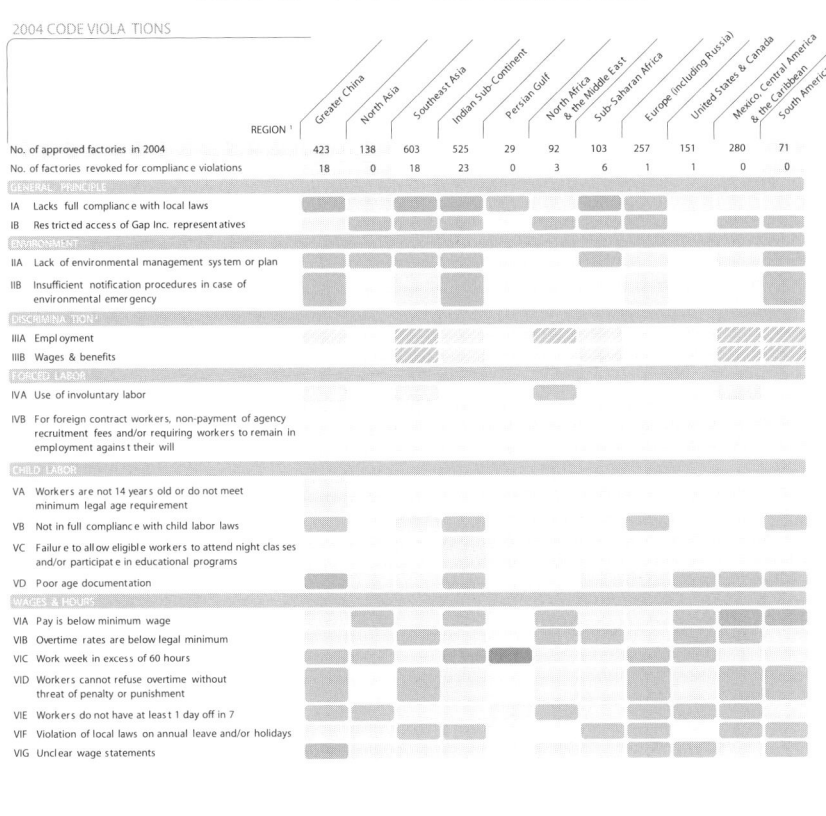

図表 5-15　ギャップ　2004 行動規範の違反

2004 CODE VIOLATIONS

REGION	Greater China	North Asia	Southeast Asia	Indian Sub-Continent	Persian Gulf	North Africa & the Middle East	Sub-Saharan Africa	Europe (including Russia)	United States & Canada	Mexico, Central America & the Caribbean	South America
No. of approved factories in 2004	423	138	603	525	29	92	103	257	151	280	71
No. of factories revoked for compliance violations	18	0	18	23	0	3	6	1	1	0	0

GENERAL PRINCIPLE
- IA　Lacks full compliance with local laws
- IB　Restricted access of Gap Inc. representatives

ENVIRONMENT
- IIA　Lack of environmental management system or plan
- IIB　Insufficient notification procedures in case of environmental emergency

DISCRIMINATION
- IIIA　Employment
- IIIB　Wages & benefits

FORCED LABOR
- IVA　Use of involuntary labor
- IVB　For foreign contract workers, non-payment of agency recruitment fees and/or requiring workers to remain in employment against their will

CHILD LABOR
- VA　Workers are not 14 years old or do not meet minimum legal age requirement
- VB　Not in full compliance with child labor laws
- VC　Failure to allow eligible workers to attend night classes and/or participate in educational programs
- VD　Poor age documentation

WAGES & HOURS
- VIA　Pay is below minimum wage
- VIB　Overtime rates are below legal minimum
- VIC　Work week in excess of 60 hours
- VID　Workers cannot refuse overtime without threat of penalty or punishment
- VIE　Workers do not have at least 1 day off in 7
- VIF　Violation of local laws on annual leave and/or holidays
- VIG　Unclear wage statements

LEGEND
- No code violations verified
- Violations verified in less than 1% of factories
- Violations verified in between 1% and less than 10% of factories
- Violations verified in between 10% and less than 25% of factories
- Violations verified in between 25% and less than 50% of factories
- Violations verified in more than 50% of factories

The size and scope of this chart preclude a thorough analysis of issues in all regions. However, the following discussion highlights some of our key findings in 2004.

SECTION IV – FORCED LABOR
We found one instance in 2004 in which workers in a Chinese factory were not permitted to resign (if they so desired) during the peak production season. We revoked approval of the factory.

We also found a case in Honduras where the doors in one production area were locked, thus preventing workers from being able to leave. We asked the factory to correct the situation immediately and confirmed a few weeks later through a physical inspection and interviews with workers that the doors were and had remained unlocked. We continue to monitor the factory.

We recorded three cases in Egypt, Morocco and Vietnam, respectively, in which factories maintained a clause in their employment contracts requiring workers to pay a fee if they resigned before the contract ended. In each of the three cases, we required the factories to remove this clause and followed up in subsequent visits to confirm that it had been deleted.

（資料）Gap Inc., *2004 Social Responsibility Report*, 2005

コードオブコンタクトの違反状況がエリア別、項目ごとに表され、違反の発生工場の割合がひと目でわかる。

5.9 モニタリング型マネジメントの今後

　ここまで紹介してきた CSR サプライチェーンマネジメントは、調達企業の定めた行動規範をサプライヤーに遵守させるための手段として、モニタリングという手法を用いている。これは欧米企業でよく行われているもので、本質的には調達企業のリスクマネジメントの色彩が強いものといえる。

　一部の国内企業では、サプライヤーとして既にモニタリングを受けた経験のある企業もあり、また、調達企業として、モニタリングを用いてマネジメントを開始している企業もある。なお、モニタリング型マネジメントは、現在、唯一確立しつつあるマネジメントの手法であり、内部監査や会計監査の強化に慣れつつある国内企業にとって、違和感が少なくなっているようにもみえる。

　一方で、この手法は、これまで日本企業が培ってきたサプライヤーとの協業システムとは、少し趣が異なるものといえる。例えば、「系列」といわれる仕組みは、いまや国際競争の中で埋没しつつあるが、系列には協調的協業的な事業推進という良さがあった。CSR サプライチェーンマネジメントを考えた時、CSR の持つ「協調」や「配慮」という本質は、国内企業が構築した系列の仕組みと整合しうるものではないか。系列ではなくても、サプライヤーと調達企業が一体的に事業活動を行うケースは今でも数多くあり、事業連鎖全体の価値向上を念頭に置いて協働していく方向性は、当該マネジメントの新たな方向性を示唆するものともいえる。

　今後、手法としてのモニタリングはなくならないかもしれないが、そこに至る動機付けやコミュニケーションにおいて、より協調的な発想に基づいたマネジメントのあり方、言い換えれば、日本企業の特性を活かしたサプライヤーの CSR マネジメントの模索が期待される。

第6章
サプライヤー、調達企業の悩みどころと対応方法

本章では、調達側のみならずサプライヤーにも視点を置き、行動規範の遵守を求められるサプライヤーが直面する問題点、矛盾、解決策などを検討する。サプライヤーが直面する困難は、調達企業にとっても留意を要する点である。調達企業として、現地のサプライヤーにどのような対策を講ずるべきだろうか。主に日本企業のアジア工場での対応を考えるが、CSR調達は日本国内にも及んでいるため、同時に日本国内の工場での注意点にも触れる。さらに、CSR調達への対応の必要性を、ビジネス拡大の観点からも検討する。

6.1　調達側の行動規範に従いCSR要求事項を実践する

6.1.1　増大する中小、中堅企業の海外工場の CSR リスク

　日本企業は、中国をはじめ、アジアへ目覚しい勢いで工場を展開している。アジアの海外工場は多くの場合、アジアおよび日本のみならず、欧米市場への供給基地である。その結果として欧米のCSR調達の動きが日本企業のアジア工場に直接及んでいる。電気電子製品などを製造する日本企業のアジア工場は、既に欧米の百貨店など小売業者から日常的に監査を受けている。また、部品を製造する工場には調達側の欧米のメーカーのチームが訪れる（図表6－1参照）。

　監査の対象となるのは大企業の工場とたかをくくることはもはやできない。近年、多くの中堅、中小企業がアジアに製造機能を移しており、欧米企業との取引がある場合、中小企業であっても、CSR対応を要求されることが現実に起こりつつある。したがって、日本企業のCSR調達も早晩本格化するだろう。さらに監査の対象が拡大し、二層、三層のサプライヤーを包含していけば、その影響は直接、中堅、中小企業に及ぶことになる。

　中堅、中小企業には、大企業にない苦労がある。中小、中堅企業の経営資源には限りがあるからだ。特に、希少な海外要員は製造管理に集中させる傾向があり、その他の経営側面、例えば人事や環境などには、十分な注意が払われて

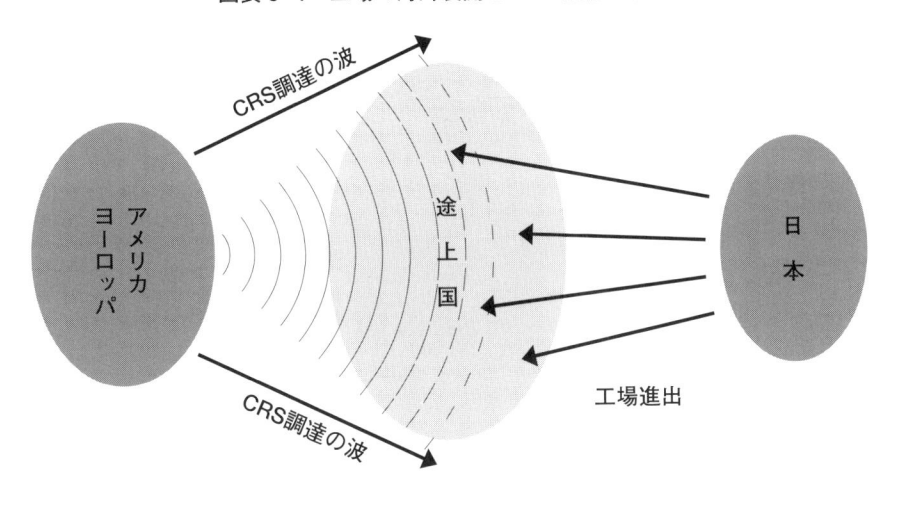

図表 6-1　工場の海外展開と CSR 調達の影響

いない事例も少なくない。進出先の法制度を理解するだけでも大変な労力がいる。知らないうちに CSR 上の問題が発生している可能性もある。海外生産が一部の大企業だけの話ではなくなった今日、日本産業全体として、海外工場の CSR リスクについて考える必要がある。

　CSR 調達は、海外工場に限った話でもなくなりつつある。限定的ではあるが、日本国内の工場にも CSR 調達の波は及んでいる。欧米市場に販路を求めている場合、CSR 調達の要請は、工場立地が海外であるか日本国内であるかにかかわらず行われる。近年、イオン (3.3節参照) にみられるように、日本国内向けの販売についても、CSR 上の要求事項の遵守を求められるケースが出てきている。その流れは静かに勢いを増している。

　サプライヤーの層が少なく、既に管理に万全を期している企業や部品や原材料の調達がないサービス産業にとっては、途上国の人権問題など関係のない話に聞こえるかもしれない。しかし、販売促進のための小物類、自社名を付した T シャツや帽子に児童労働がかかわっているリスクを考えた時どうだろう。ソフトウェアのプログラミングやコールセンター機能など海外から「調達」されるサービスも多い。リスクは思わぬところに潜んでいるかもしれない。CSR

調達を他人事と言いきれる企業は多くないはずである。サプライチェーンのグローバリゼーションに起因するCSRリスクは広く日本の産業界を覆いつつある。

6.1.2 「私的規制」としての行動規範

　サプライヤーは調達側から行動規範を示され、遵守を求められる。要請を受けたサプライヤーは、慣れぬ事態に近視眼的になりがちである。行動規範に対して、文言を一言一句金科玉条のようにとらえる過剰反応、形式的儀式として聞き流す過度の軽視、いずれも最善の策ではない。少し距離をおいてみてみよう。CSR行動規範は、法令とも一般企業理念とも違う、日本企業にとって馴染みの薄い側面を有している。

　行動規範は、総労働時間や最低賃金のような、通常政府が執行する公共政策に属する事項を扱っている。しかし、行動規範はあくまで調達企業による「私的」ルールである。政府が労働、環境規制を十分に執行できないために、企業が政府の役割を肩代わりをしているのである。行動規範は、「規制のプライバタイゼーション（民営化）」と表現されることもある。

　「執行側」にいる調達企業は、相当程度の裁量を有している。例えば、ある工場で重大な行動規範違反が発覚したとしよう。違反をした工場から調達している製品が、他の工場でも供給可能であれば、即刻契約が破棄されるかもしれない。しかし、代替できる工場が他にない場合には、契約破棄は躊躇されるかもしれない。調達企業とサプライヤーのビジネス上の力関係が、行動規範の実施に影響を及ぼす可能性は否定できない。

　また、競争の態様も影響するだろう。激しい価格競争が展開されている産業と、企業間の棲み分けが進んでいる産業では、調達側のコミットメントの程度を同列には論じられない。価格が競争力の絶対的要素である場合、行動規範の遵守に多少の差があっても、より安い価格を提示するサプライヤーから調達するという選択がなされることもあるだろう。

　行動規範の項目の間に優先度がつけられていることも私的性格の表れである。政府が環境規制と労働規制を執行する場合、それぞれ独立した規制当局が担当

する。そこには、どちらがより重要かという価値判断は働かない。しかし、衣料品産業は、児童労働の禁止を優先項目にするなど、一般に環境配慮よりも労働者の権利に重きを置く。一方、自動車産業は、環境規制の遵守により大きな注意を払っている[1]。それぞれの産業が、NGO の関心対象も踏まえ、リスクの所在を総合的に勘案している結果である。つまり、項目間の優先順位は、企業の判断に依存しているのである。

　要するに、行動規範は私企業によって執行されるため、状況依存性が強い。行動規範中の文言がどのように解釈されるか、不遵守に対してどのような措置がとられるかなどの実施上の問題は、企業が事例ごとにさまざまな要素を勘案しながら判断するのである。

　行動規範の実施、対応の難しさのひとつに、この「判断」の余地がある。他方、欧米企業は、今日まで 10 年以上の間、試行錯誤を繰り返し経験を蓄積してきた。国際機関や NGO などによって多くの事例分析もなされ、問題の所在、対応方法、失敗例、成功例などが明らかになっている。日本の産業界にとってよい水先案内となるだろう。

6.1.3　注意すべき行動規範の特徴

　行動規範の実施を求められるサプライヤーの立場から、特に注意すべき点を挙げてみよう。

(1) 異なる要求内容

　行動規範中の要求水準、要求内容は、企業によって異なることがある。規模、国、製品、ブランド力など、調達企業のさまざまな属性が影響する。多くの企業が行動規範を採用するにつれ、行動規範間の差異が、サプライヤーに不合理な負担を課しているとの主張が高まっている。このことが、サプライヤーによ

---

1) 世界銀行：*Strengthning Implementation of Corporate Social Responsibility in Global Supply Chains*, 2003, p. 22.

る整合的な CSR への取り組みを困難にしている。また、新規サプライヤーの参入障害であるとの問題提起もある[2]。

このような批判に応える意味もあり、既にみたように、産業単位で行動指針を統一する動きがある。また、個々の企業の行動規範についても、ILO 条約や地元の法規制が直接引用される傾向が強まり、内容が等質化する傾向にある。その結果として、サプライヤーが行動規範間の不整合に直面する頻度は低下している。なお、この問題が行動規範そのものへのサプライヤーの不満のはけ口となり、やや誇張された面も否定できず、現実の深刻さは必ずしもはっきりしない。

将来的には、2008 年発行予定の ISO26000(SR：社会的責任規格)が、問題の一定の解決策となる可能性もある(2.3.1 項参照)。少なくとも途上国政府は、そのように期待している。しかし、いずれにせよ現時点では、行動規範が調達企業により異なる可能性を念頭に置いておく必要がある。

(2) 曖昧な文言

ある行動規範の一文をみよう。

> 当社は、その国の慣行および条件に照らし、労働者と家族の基本的ニーズを充足するにふさわしい賃金、給付の改善を、可能で適当である限りにおいて支持する。当社はこのコミットメントを共有するサプライヤーを求める。[3]（下線は筆者による）

実際にこの行動規範が、サプライヤーにいかなる要求をしているかは、「その国の慣行および条件」、「労働者と家族の基本的ニーズ」、「可能で適当である限り」の文言を、どう解釈するかにかかっている。

調達企業が解釈の余地を残すことは、主に 2 つの理由から説明できる。ひと

---

[2] 世界銀行：*Strengthning Implementation of Corporate Social Responsibility in Global Supply Chains*, 2003, p. 10.
[3] ILO, *BUSINESS AND CODE OF CONDUCT IMPLEMENTATION*, 2003, p. 23.

つは、地域の実情を勘案するという実際上の要請である。ひとつの行動規範を世界中の工場に円滑に適用するため、一定の解釈の幅を確保しておく必要からである。もうひとつは、法的リスクの勘案である。各社の行動規範は法務部の審査を経ている。その過程で、訴訟リスクに備えた慎重な言葉づかいとなることは避けられない。政府規制の場合、施行細則や行政当局の見解、また、裁判判例の蓄積などによって運用の予測可能性が一定程度ある。しかし、企業の行動規範の場合、解釈の予見可能性が低い状況下で、抽象的文言が裸のまま使われる。これが、調達企業とサプライヤーとの間で、理解のいきちがいを引き起こす要因のひとつとなる。

(3) 異なる文言解釈

　一見明らかな文言も、実際上解釈の余地があることが少なくない。サプライヤーに総労働時間などの「法令」の遵守を求める行動規範は多い。しかし、中央政府と地方政府が異なる規制をしている場合や、地方政府が中央政府の法令の例外を認めた場合に、サプライヤーが遵守すべき「法令」がどちらなのか明らかではない。「法令」という用語ひとつにしてこのような問題が避けられないのである。「管理職（manager）」という用語も同様の問題を内包している。例えば欧米企業と日本企業では、管理職という概念が必ずしも同様には解釈されない。経営側と労働者側の峻別がはっきりしている欧米企業では、管理職はあくまで経営者側に立って「管理」する職であり、日本企業よりも狭い解釈をする傾向がある。したがって、日本企業の海外工場で「課長」という肩書きを持っているからといって、その人が欧米の調達企業から「管理職」として認められるとは限らない。管理職が時間外労働規制の対象外である場合は、「管理職」という言葉の解釈如何により、サプライヤーに求められる労働時間管理の対象範囲そのものが変わってくる（なお、中国の法令では、管理職も原則として時間外労働規制の対象となっている）。

(4) 監査の態様の多様性

　行動規範の内容およびその解釈以上に大きな差異があるのが、行動規範の実

施、すなわち監査およびその結果に対する対処である。監査の方法、内容、頻度は、企業によってさまざまである。例えば、あるサプライヤーは次のように述べている。

> 「監査人にいくつかの質問について真実は言えないと返答した。すると、にっこり笑って他の事項の質問に移った。彼らは共犯だ。[4]」

このような形骸化も現実の一面である。他方、行動規範違反によって実際にサプライヤーがサプライチェーンから外される事例も少なくない。カジュアル衣料を世界的に展開しているギャップは、2004年の社会的責任報告書において、法定就労年齢の16歳に満たない児童を雇用していることが発覚した、中国の3工場のサプライヤー認定を取り消したことを含め、監査結果を詳しく明らかにしている[5]。

> 昨年、当社は中国において労働者が法定就労可能年齢である16歳になる直前に雇用された事例を3件発見した。当社は当該3社全ての認証を取り消した。また、中国では年齢証明書類に関して比較的多くの問題を発見した。違反の大半は個人書類に写真がついていないなど軽微なものであるが、当社はこの問題に特段の注意を払って監査を継続し、もし文書偽造の疑いがある場合はさらなる調査を行う。

(資料) Gap Inc., *2004 Social Responsibility Report*, 2005

---

4) United Nations ESCAP, *MAXIMIZING THE BENEFITS OF CORPORATE SOCIAL RESPONSIBILITY FOR SMALL AND MIDIUM-SIZED ENTERPRISES PERTICIPATING IN REGIONAL AND GLOBAL SUPPLY CHAINS*, 2005, p. 14.
5) Gap Inc., *2004 Social Rrsponsibility Report*, 2005, p. 23.

6.1.4　サプライヤーとしての対応の基本

　サプライヤーとしての対応の基本は、行動規範を提示してくる調達企業との十分な意思疎通と主体性である。意思疎通は、まず行動規範の意味、解釈を確定するために必要となる。しかし、調達企業との十分な対話は、監査を含む全ての段階で必要となる。行動規範の文言解釈や是正手段が、サプライヤーに委ねられることも少なからずあるが、このような場合にも、解釈権や是正手段の選択権がサプライヤーにあることを確認しておくことが、取り組みの安定性を確保するうえで有益である。

　さらに対話を通じて調達側の「真剣さ」の程度も測ることができる。これは複数の調達企業間の要求に優先順位をつける場合の判断材料ともなるだろう。調達企業と共に考えていくという姿勢が最も建設的な結果をもたらす。

　ただし、サプライヤー側の主体性がなければ単なる御用聞きになってしまう。受動的姿勢では調達側の矛盾する要求、非現実的要求に振り回されることになりかねない。サプライヤーとしての意見をきちんと持つことが必要である。

6.2　サプライヤーとしての取り組みの流れ

6.2.1　日本本社の協力、支援

　サプライヤーの主体性を支えるものが、サプライヤーの日本本社の協力、支援である。本社は海外工場を単なる生産基地として自社から切り離された存在のように見てしまうことがある。しかし、海外工場の労働者も自社の社員であり、安全衛生、人権、労働者の権利の擁護は当然、日本にいる経営者の責務である。また海外工場の近隣地域は、日本国内の工場の周辺地域社会と同様重要なステークホルダーであり、良好な関係を築くことは、やはり経営者の責任である。

　さらに、調達企業の行動規範を実践することは、短期的に現地工場の費用を

増大させることがある。例えば、総労働時間削減、賃上げなどの大きな費用増加につながる場合、他の支出案件との優先度の問題にも発展するため日本の本社の積極的関与がなければ対応が難しい。場合によっては工場の経営計画そのものの見直しが必要となることもある。例えば、ベトナムのある工場が立上げ直後の利益が出ない状況の中で、調達側からは賃金を法定最低賃金である月35ドルから月40ドルへ引き上げることと年間1カ月分のボーナスを支給することを求められ、年間30万ドル人件費が増大した例が報告されている[6]。このような場合には、本社による財政的支援が必要なケースも出てくるだろう。

6.2.2　ギャップ分析（GAP Analysis）

サプライヤーの対応の第一歩は、ギャップ分析である。調達側から求められるCSR基準に照らし、現状では基準が満たされていない箇所を確認する。ギャップ分析の前提となるのは、調達側の要求を十分に理解していることである。同時に、行動規範がILO条約などの国際協定や国内法規に準拠していることが多いため、それらの理解も前提となる。すでに述べたとおり、調達側の求めるCSR基準が不明瞭であるとか不合理であると感じたときは、まず積極的に説明、明確化を求め、必要に応じて調整することが必要である。

「最繁忙期（peak periods）」という概念もそのひとつである。最繁忙期には規制総労働時間の超過を認める行動規範が少なくないが、どのような状況であれば「最繁忙期」と認められるのか事前に共通理解がなければ、後のトラブルの原因となる可能性がある。

6.2.3　是正措置（Corrective Action Plans）

ギャップ分析によって特定された是正が必要とされる項目について、その改善手段を検討する。手段によっては費用が発生するため、優先順位をつけなが

6）　ILO, *BUSINESS AND CODE OF CONDUCT IMPLEMENTATION*, 2003, p. 76.

ら代替案についても十分に検討を行い、日程や期日を明確にしたうえで取り組みを推進する。

是正措置を適切に立案し、遂行するためのポイントを、よく知られている事例から紹介する。

(1) 早合点しない

実施した是正措置が、結果として調達側に受け入れられない事例がある。遵守を急ぐあまり、調達側と十分なすり合わせなしに行動を起こし、かえって信頼関係を損なうことにさえある。環境設備の改善、新設など、大きな投資が必要な場合、投資が無駄になることを防ぐため、事前の相談なしに取りかからないよう指導している調達企業もある[7]。例えば、空気浄化のため換気システムを設置した結果、設計上の問題から火災の危険を増大させてしまい、かえって遵守違反状態を作り出してしまうなどは、その典型例である。

(2) 小規模なものからはじめる

是正内容には、労働者のマスクの着用のような比較的実施費用の小さいものから、設備投資が必要なものまで、大小さまざまなものが考えられる。もっとも、マスクや安全靴着用の徹底のように、直接的費用が小さい是正内容でも、労働者の意識や文化的背景から、思いのほか難しいこともある。費用だけで難易の判定はできないが、複数の是正措置がある時には、「まず小さくはじめる」ことが調達企業側の共通した助言である。

(3) 是正期間を交渉する

是正措置の実施のうえで大きなポイントとなるのは、遵守状態に至るまでに許容される時間である。是正事項に応じて、基準となる是正期間を設定している調達企業もある。ある企業は、是正事項を2つのグループに分け、非常灯や禁煙サインの不備、最低賃金違反などについては60日、超過労働時間、休日

---

[7] ILO, *BUSINESS AND CODE OF CONDUCT IMPLEMENTATION*, 2003, p. 83.

手当違反などは9カ月を是正期間としている[8]。

しかし、是正のために実際に必要となる時間は、状況により多様である。作業中のマスク着用の例を挙げたが、労働者の習慣を変えなければならない事項は、徹底されるまで時間を要することがある。健康安全の項目が、工場およびオフィス関連事項に限定されずに、寮の設備にまで及ぶ場合もある。社員寮は、ILO条約上、一室8名までとなっているが、改善が必要な場合、建設や改築に要する期間は、現地の状況によって一様ではない。設定された期間では是正が終わらないと見込まれる場合には、是正期間の延長を交渉する必要性がある。是正期間は監査の時期に直結する。

6.2.4 監査を受ける

調達企業の監査チームを迎えるサプライヤーが注意すべき実務的なポイントをいくつか挙げる。調達企業自らが行う監査、外部機関が調達企業から委託を受けて行う監査、いずれも対応方法に変わりはない。

(1) 頻度

監査の頻度は、業種、企業によって多様である。調達側は、サプライヤーを順次監査していくことになるが、1年から2年に一度という頻度もあれば、2〜3カ月に一回の頻度、さらには毎月サプライヤーを巡回する企業もある。複数の調達企業に製品を納めている場合、調達企業ごとに監査があるため、頻繁に監査チームを迎えることになる。監査を受けるための人的、時間的費用を勘案しておく。

(2) 実施

監査には、給与支給記録などの文書類の検査が必ずある。予め対象書類を用意しておき、手際よく進むよう配慮することが好ましい。それが時間の節約に

---

[8] ILO, *BUSINESS AND CODE OF CONDUCT IMPLEMENTATION*, 2003, p. 209.

なる。なお、主に日本国内での監査に当てはまることだが、調達先への情報開示に関して、個人情報保護規制との兼ね合いが問題となることがある。生年月日などの個人情報を調達企業に開示することについて、事前に労働者本人から了解をとるなどの対応が必要となる場合もある。

(3) 経費

監査経費の負担についても、標準的慣行が確立されているわけではない。調達側が負担する場合、サプライヤーが負担する場合、もしくは両者で折半するなどさまざまである。明確になっていない場合は事前に確認し、必要に応じて交渉する。

(4) 抜き打ち監査

初回は事前に予定が組まれるのに対して、2回目以降の監査は抜き打ちで行う調達企業もある。長時間労働の実態を知るため、調達企業の監査チームが深夜に突然工場を訪問することもある。

6.2.5 監査後の是正措置

対応方法は、監査前の是正措置と基本的に同様であるが、監査中に問題点が見つかった場合は、その場で是正方法と期間について協議し、合意しておくことが望ましい。さらに、調達側は監査結果を報告書としてまとめるが、企業によっては、報告書を事前にサプライヤーに諮るところもある。認識のずれを生じさせないためにも、可能な場合は報告書の内容を確認し、必要があれば修正を求める。

日本国内の工場の場合、一般に遵守状況は良好であるが、海外工場についてはむしろ違反が見つからないことが例外である。それを表わす例として、ギャップが2004年に発表した中国のサプライヤーの監査結果を図表6-2に示す。「優秀」と認定を受けたサプライヤーは、236社中14社にすぎない。

調達側も、監査後の是正改善に真摯に取り組むサプライヤーを評価する。CSR要求への対応を、サプライヤー自身の経営改善につなげるためにも、散

図表6-2　ギャップによる中国サプライヤーの監査結果

レベル1　（緊急な対応が必要）	49社
レベル2　（改善が必要）	51社
レベル3　（及第(Fair)）	68社
レベル4　（良好(Good)）	54社
レベル5　（優秀(Excellent)）	14社
合計	236社

(資料) Gap Inc., *2004 Social Responsibility Report*, 2005

発的な対応ではなく、継続的改善が鍵となる。ただし、調達企業の方針によっては、特定項目での違反が自動的に契約破棄につながる場合もある。したがって、事後是正が認められない項目については、特段の注意を払う必要がある。

> わが社は監査の結果、サプライヤーを「深刻な状態(severe)」から「問題が少ない(low)」まで等級付けする。「深刻な状態」のサプライヤーとは契約を破棄する。「問題が多い(high)」と認定したサプライヤーには30日以内にフォローアップ監査を行う。「中間(medium)」の場合は60日後にフォローアップ監査を行う。…「問題が少ない」と認定されたサプライヤーは文書で是正を証明することだけで済む。

(資料) ILO, *BUSINESS AND CODE OF CONDUCT IMPLEMENTATION*, 2003

6.2.6　継続的改善のための研修

労働者の階層に応じた研修を実施する。研修の実施および記録の提出が、CSR要求事項となっていることもある。第5章で述べたとおり、研修プログ

ラムが調達企業から提供されることもある。遵守すべき事項の周知徹底が基本となるが、海外工場では、日本国内では想定できない状況がありうることに注意を要する。

例えば、国、地域によっては労働者の教育水準は一様ではなく、全員が文字を解するとの前提が成り立たないこともある。また、中国のように内陸部から沿海部の工場への出稼ぎが多い場合、労働者が話す言語も複数に及ぶ。CSR担当の管理職が現地採用であっても労働者と直接意思疎通できないこともある。労働者の出身地域による文化的差異を理解しなければ効果的な研修は難しい。

遵守事項の掲示、文書の配布など、一方的通知では十分ではない。また、法令用語などの難解な言葉や抽象的な表現が多い行動規範をそのまま示しても、内容の十分な理解までは至らない。内容を咀嚼してより具体的な指針とし、それぞれの項目が問われている理由を含めて労働者に説明する必要がある。

また、海外工場では、国内工場に比べて一般に労働者の入れ替わりが頻繁であるため、定期的な講習だけでは対応できない。特に新しい労働者や臨時雇用の労働者への教育に配慮を要する。

6.3 大きなリスクを伴う項目、難しい項目

CSR 行動規範の項目の中には、大きなリスク要因として認識されている項目、また実施に特段の困難を伴う項目がある。そのような項目を取り上げ、対応にあたって理解しておくべき要点を解説する。サプライヤーのみならず、調達企業も、特に海外のサプライヤーを対象として CSR サプライチェーンマネジメントを実施する場合、行動規範に関連する法規制のみならず、背後にある現実を十分理解する必要がある。

6.3.1 児童労働

サプライチェーンの CSR リスクが広く認識されるきっかけとなった項目で

あり、特に消費ブランド企業は、児童労働問題に細心の注意を払っている。

まずスターバックスの例を見てみよう。同社は、CSR上の要請を満たすコーヒー豆栽培農家を調達上優遇するC.A.F.E.(Coffee and Farmer Equity)と呼ばれる制度を実施している。同制度には、社会面、環境面の双方にわたって多くの要求事項があるが、全項目の中で不遵守状態が「致命的欠陥」と判断される項目は2つ、児童、強制労働と最低賃金違反のみである。両項目について違反が見つかった場合の対処方法は、以下のように規定されている。

監査の結果、最低賃金および児童、強制労働規定に関する不遵守が認められた場合、当該農家はC.A.F.E.上のいかなる権利も与えられず、両基準への最低限の遵守がなされるまで当プログラムに参加できない。両項目の不遵守が発見された場合には追加的に10％の労働者のサンプルをとり調査を行う。この調査の目的は、不遵守が常態化しているのかもしくは例外的な状況であるかを判定することである。もし不遵守が常態化していると判明した場合には、致命的欠陥としての認定が下る。このプロセスはすべて報告書に文書化されなければならない。

(資料) Starbucks Coffee Company, *C.A.F.E. Practices Verifier Operations Manual*, 2006

また、ある世界的な小売チェーンは、遵守項目ごとの重要度を次のように数値化し、総合点数によってサプライヤーを合格(Acceptable)、ほぼ合格(Nearly Acceptable)、不十分(Insufficient)、不合格(Totally Unacceptable)のいずれかに等級付けしている。次ページの図表6-3のとおり、項目の中で最も高い比重が置かれているのが賃金で7ポイント、次いで児童労働の6ポイントとなっている。

図表6-4は、衣料品産業の行動規範の数を、対象としている項目ごとに示している。児童労働が最も多くの行動規範に取り上げられている項目である。

児童労働に関しては、多くの行動規範がILO条約138号に部分的に準拠している。ILO条約138号は、児童労働を「原則15歳未満の子供が大人のよう

6.3 大きなリスクを伴う項目、難しい項目

図表6-3 要求項目のポイント

賃金	7ポイント
児童労働	6ポイント
労働時間	6ポイント
安全防災	6ポイント
強制労働	2ポイント
結社の自由	2ポイント
差別	2ポイント
健康	2ポイント
一般的労働環境	1ポイント

(資料) ILO, *BUSINESS AND CODE OF CONDUCT IMPLEMENTATION*, 2003

図表6-4 行動規範で取り上げられている項目

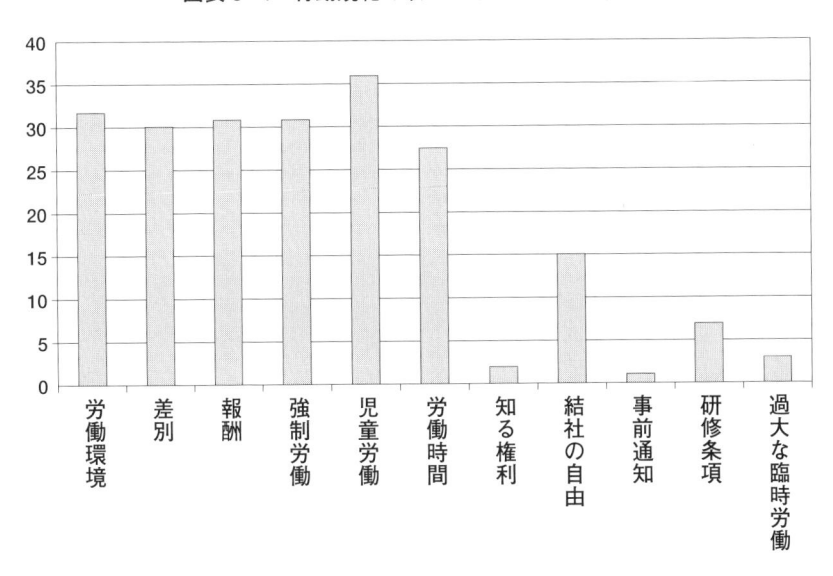

項目	値
労働環境	約32
差別	約30
報酬	約31
強制労働	約31
児童労働	約36
労働時間	約28
知る権利	約2
結社の自由	約15
事前通知	約1
研修条項	約7
過大な臨時労働	約3

(資料) OECD, *Codes of Corporate Conduct: Expanded Review of their contents*, 2001

図表 6-5　児童労働に関する ILO 条約

最低年齢	軽易な労働	危険な労働
15 歳 ・義務教育修了年齢を下回らない（原則） ・途上国は 14 歳とすることができる	13 歳 ・途上国は 12 歳とすることができる	18 歳 ・健康・安全・道徳が保護され、適切な職業訓練を受ける場合は 16 歳

(資料) ILO 駐日事務所資料

に働く労働」として、図表 6-5 のように定義している。ただし、年齢にかかわらず家や田畑での手伝い、小遣い稼ぎのアルバイトなどは、児童労働の概念に含まれない。なお、中国も ILO 条約 138 号を批准している。

　ILO 条約は、一般に義務教育を修了していれば 15 歳から労働を認めているが、途上国の場合、労働可能な最低年齢を 14 歳とすることを認めている。SA8000 も途上国例外として 14 歳からの労働を認めている(58 ページ参照)。しかし、調達企業によっては、途上国例外を認めないなど、独自の基準を設ける企業もある。例えば、アメリカの IT 機器メーカーのシスコシステムズについての 2005 年の調査では、「児童労働は、国によって 14 歳というところもあるが、(同社は)15 歳以下の児童の雇用を禁止している。」としている[9]。しかし、翌 2006 年に採用されたシスコシステムズのサプライヤー行動規範の児童労働の規定は、国内法で認められていれば 14 歳から労働を許容するなど、ILO の定義に近づいている[10]。

　他方、農家を対象としているスターバックスの児童労働に関する行動規範は、依然として 15 歳未満の子供を雇用しないことを好ましいとはしつつも、当初より 14 歳児童の労働を認める基準を採用し、また、臨時の家族労働などの例

---

[9]　独立行政法人労働政策・研修機構：『グローバリゼーションと企業の社会的責任』、2005 年、135 ページ
[10]　シスコシステムズ：*CISCO SUPPLIER CODE OF CONDUCT*, 2006

外的場合には 14 歳未満の子供の労働も認めている点で、ILO 条約と整合的なものとなっている。

> スターバックスは 14 歳未満のいかなる者との直接契約を認めない。唯一の例外は家族または小規模農家で通常労働者を雇用しない場合のみである。(ただし)当社は 15 歳未満の労働者を雇用しないサプライヤーを選考する。

(資料) Starbucks Coffee Company, *C.A.F.E. Practices Self-Evaluation Handbook*, 2004

　このように、児童労働に関する調達企業の定義は産業実態に応じて必ずしも一様ではなく、かつ変化している。ILO 条約の文言を一部使いながらも、全体としてみると、ILO 条約よりも厳しいものとなっていることもある。さらに、製造業の場合、サプライヤー自身がリスク最小化のため、調達企業の要求よりも一段と厳しい年齢基準を使うことがある。労働者の採用にあたり、最低年齢を 18 歳に設定するサプライヤーが多い[11]。万一年齢詐称などの問題があった場合でも、調達企業の基準の抵触までには至らないよう、一種の緩衝帯を設けているのである。

　児童労働については、重層的リスク管理の結果、サプライヤーの労働者採用基準と ILO 条約の基準の間に乖離が生じている場合がある。この点については、見方により肯定否定双方の論評が可能であるが、調達企業とサプライヤー双方の慎重な対応もひとつの要因となり、児童労働問題が、NGO や報道機関によって醜聞的に取り上げられることは近年みられなくなっている。

　児童労働のもうひとつの特徴が救済計画である。児童労働が見つかったからといって、単に当該児童を解雇することは、その児童の置かれている状況を悪化させる恐れが大きく、社会的に望ましい行動でない。遵守だけにとらわれた過った是正措置は、結果的に調達側、サプライヤー双方の CSR リスクとなり

---

11) ILO, *BUSINESS AND CODE OF CONDUCT IMPLEMENTATION*, 2003, p. 224.

かねない。したがって調達企業は、児童労働が発見された場合の特別の救済手続きを規定していることが多い。

> 「(仮に児童労働が見つかった場合)当社では児童労働者はリストアップして家族でお兄さんやお母さんなど、就労可能年齢に達している人がいれば代わりに雇う。もしいなければ雇用年齢まで学資を援助するのが最善の方法だと考えている。これがNGOなどもベストと考える方法である。児童労働救済プログラムという形で手引書がある。[12]」

CSR要求の遵守は遵守そのものが目的なのではない。ステークホルダーの要請に応え、社会を改善していくための手段である。手段と目的を取り違えないことは常に重要であるが、とりわけ児童労働については欠かせない。第3章で紹介したリーバイ・ストラウスの対応(95ページ参照)が模範事例として知られている。

6.3.2 最低賃金

最低賃金遵守違反はスターバックスでは児童労働と並ぶ「致命的欠陥」であり、また、ある小売チェーンは、前掲図表6-3のとおり、これに児童労働を上回る重みを与え、最重要事項としている。

最低賃金を複雑な問題としている要因のひとつが、基準の取り方である。多くの調達企業が法定最低賃金もしくは業界標準賃金のいずれかを基準としている。しかし、業界標準賃金は通常自明ではなく、サプライヤーに対する指針としては曖昧だ。さらに、一部NGOは一層抽象的な「適正」賃金概念を主張することがある。「公正賃金」、労働者と家族の基本的ニーズを充足する「生活賃金」などである。例えばSA8000は、報酬が法的および業界基準に沿ったもので

---

12) 企業関係者インタビュー(2006年3月)

あることに加え、「労働者およびその家族の基本的ニーズに対応しなければならない」と規定している(59ページ参照)。しかし、サプライヤーが文言だけから遵守すべき具体的賃金水準を見極めることは難しい。この点についてナイキは、法定最低賃金を使用するとの方針を表明し、その理由を以下のように説明している。

> 衣料品、製靴産業の労働者にどの水準の賃金を支払うべきかについて激しい議論がなされている。労働活動家の中には生活賃金を支払うべきだとの主張もある。世界中の非常に異なったさまざまな地域で生活賃金をどのように設定するかについてさまざまな方法論も提起されている。当社は、このアプローチを支持しない。
>
> 当社の見解は次の理解と結びついている。すなわち、賃金は大半の場合市場によって設定され、そして市場は生産性が上昇している地域においては賃金を上昇させるという理解である。当社は生産性を長期的に向上させる方法を追求している。
>
> もし賃金が非市場メカニズムによって設定される場合は、政府や(団体交渉を通じた)労組関係団体、雇用者団体など広範囲で賃金決定をできる主体によってなされるべきであると考える。

(資料) NIKE, *2004 Corporate Responsibility Report*, 2005

ナイキは法定最低賃金の遵守をサプライヤーに求めている。しかし、法定賃金未満の賃金の支払いがあったサプライヤーの割合は25%から50%と高い違反率が記録されている[13]。このように、法定最低賃金を基準としても遵守が容易なわけではない。中国の多くの労働者が最低賃金さえ支給されていない実態を研究者はこう表現している。「『最低賃金』と現在呼ばれているものは『最高賃金』になっている[14]」。

---

13) NIKE, *2004 Corporate Responsibility Report*, 2005, p. 45.
14) Association for Sustainable & Responsible Investment in Asia, *LABOUR STANDARDS IN CHINA, THE BUSINESS AND INVESTMENT CHALLENGE*, 2002, p.28.

法定最低賃金違反の最大の原因は、サプライヤー側の意識の低さであり、実際、法定最低賃金の存在さえ知らないサプライヤーも存在する。中国では地域単位で細かく最低賃金が設定され、かつ比較的頻繁に改定される[15]。タイでは各県の賃金委員会が最低賃金を決定する。同委員会は、国家賃金委員会が定める基準値を下回らない限りにおいては、独自に賃金額を策定することができる[16]。したがって、自社工場に適用される法定最低賃金を常に把握しておくことが必要である。

　中国では内陸部まで工場進出が進み、また、農村の若年人口が減少するといった構造的変化の過程で賃金に上昇圧力がかかっている。2003年を境に出稼ぎ労働者の不足も表面化している[17]。最低賃金の遵守状態も今後市場原理の力によって改善していく可能性がある。

　しかし、意図せざる違反もある。その原因のひとつが出来高賃金（ピースレート）である。中国を含めいくつかの国で時間給の代替として出来高給の適用が認められている。作業能率が高い熟練した労働者にとっては、技能と努力が報われる出来高制は歓迎される。しかし、この制度を広く適用すると未熟練の労働者の賃金が結果的に時間給で計った最低賃金を下回る事態が起こる。また、当然のことながら、出来高単価が低いほど最低賃金に届かない労働者が増える。そのような労働者が一定の割合以上出る場合[18]、出来高賃金の水準自体が問題

---

15) 例えば上海市では2005年7月に最低賃金が月額55元上昇し、690元に引き上げられた。労働・社会保障部の第21号令「最低賃金規定」では、少なくとも毎年2回、最低賃金を調整することが義務づけられている（http://news.searchina.ne.jp/disp.cgi?y=2005&d=0630&f=business_0630_005.shtml）。
16) 独立行政法人労働政策・研修機構資料
17) このような分析の一例として、2006年6月9日付日本経済新聞経済教室『中国、低廉労働力が減少』がある。
18) ある調達企業は10％を目処として、判断している（企業関係者インタビュー（2006年3月））。
19) 中国労働法37条は「出来高計算の仕事を行う労働者に対しては、雇用側の組織は本法第36条に規定する労働時間制度に基づいて合理的にその労働の基準量と出来高計算報酬規準を確定するべきである」と規定している。なお、労働法36条については図表6-7（207ページ）参照のこと。

視され、最低賃金規定の遵守違反とされることが多い[19]。中国のあるシャツ工場では、2004年5月の実績で、出来高制労働者のうち4割の労働者の賃金が法定最低賃金を下回ったと記録されている。この工場は、法定最低賃金の支払いを求める調達企業の要求に応えるため、1万元の追加給与支払いを余儀なくされ、後に作業単価を引き上げた[20]。サプライヤーによっては、新人の採用後一定の期間は出来高制の対象としないなどの対策を講じているところもある。

出来高賃金の採用とあわせて、労働者やチームごとに一定の最低生産量がノルマとして設定されることが多い。ノルマを高く設定することで長時間労働を余儀なくしながら、出来高制を理由に時間外賃金を適用しないといった問題も存在する[21]。出来高賃金制は、設計の仕方によって最低賃金規制の事実上の迂回措置となってしまう可能性に注意を払う必要がある。

先にベトナムの工場が、法定最低賃金である月35ドルから月40ドルへの賃上げと年間1カ月分のボーナス支給を要請された事例を紹介したが、行動規範の内容と現状認識しだいで調達企業が法定最低賃金を上回る賃金設定を求める場合も当然ある。そのような場合には、賃金の適正水準について「業界標準給」概念が援用されることが多いが、具体的水準、根拠、計算方法など調達企業とサプライヤーの間で十分な話し合いが必要となる。

6.3.3　労働時間

労働時間規制は多くのサプライヤーにとり、調達側の要求と現実の折り合いをつけることに最も苦心する項目だ。時として豊かな先進国の価値観の押しつけ、調達側の身勝手と映ることさえある。

できるだけ多くの収入を得たいと望んでいる労働者から、時間外労働は時間単価が高いため歓迎される。時間外労働を制限された労働者の中にはより長く

---

20)　Verite, *Mainstreaming Social Compliance Case Study*, 2005, p. 7
21)　Association for Sustainable & Responsible Investment in Asia, *LABOUR STANDARDS IN CHINA, THE BUSINESS AND INVESTMENT CHALLENGE*, 2002, p. 29.

時間外労働できる他の工場に移ってしまう者もいる。お金を貯めていずれ郷里に戻る予定の出稼ぎ労働者はなおさらだ。もちろん事情は労働者により異なる。単純化には慎重でなければならない。そもそも長時間労働を望まざるを得ない状況の改変こそ必要であることは間違いない。しかし、一朝一夕に現実は変わらない。サプライヤーは現実に直面することになる。

　労働時間規制の目的は、労働者の安全衛生の確保である。しかし、労働時間が身体に与える影響は個人差も大きく、業務内容にも左右される。労働時間規制の難しさのひとつは、現実と規制目的のバランスをとることにある。しかし、労働時間規制の遵守がサプライヤーにとって難しい事情はこれにとどまらない。

(1)　需要の季節変動

　需要の季節変動は程度の差こそあれつきものだ。衣料などはその典型であるが、他にも玩具や消費者用電気電子製品など、クリスマス商戦が売上のピークとなる商品も多い。オリンピックやサッカーのワールドカップといったスポーツイベントも貴重な商機だ。サプライヤーが納入量の季節変動に対応するためには、時間外労働時間による調整が不可欠となる。人員数で調整しようとすれば繁忙期の人員採用と閑散期の雇用調整というサイクルを繰り返すことになる。しかし、3.2節で取り上げたミズノの例のように、NGOにとっては格好の攻撃材料である。

(2)　納期の短縮化

　サプライチェーンを通じて在庫を減らすサプライチェーンマネジメントの手法は、グローバル企業で広く一般化している。ジャストインタイムを実現するため、発注から納期までのリードタイムの短縮化傾向は著しい。短期の納期への対応に加えて、製品仕様の突然の変更への対応など、現地工場の現場には強い圧力がかかっている。

(3)　法規制の不統一

　中央政府と地方政府の労働時間規制が異なる場合や、地元の労働監察当局が

口頭で規定を設けるなど、依拠すべき国内規制そのものが明確ではないことがある。さらに、より大きな問題は、法規制が事実上形骸化し、実施されていない地域が少なくないことである。

(4) 日本の実情

日本の多くの会社で労働時間が長くなっている。「日本でもこれくらい働いている」と日本の本社の実態に合わせた結果、途上国の工場で総労働時間がCSR要求を超過するという、なんとも皮肉なことにもなりかねない。

以上のような背景から、労働時間に関するCSR要求の遵守は難しい。勤務時間簿の改ざんなどの問題の存在が指摘されている。図表6-6はナイキの40の契約工場の独立監査の結果であるが、労働時間は違反件数の全体の7%となっている。さらに、5%を占める残業給付違反も、労働時間問題と密接に関連しており、両者をあわせると12%となる。安全衛生を除くと、賃金給付と並んで最も違反比率が高い項目である。

図表6-6　違反項目の割合

項目	割合
残業給付	5%
労働時間	7%
賃金給付	12%
結社の自由	4%
安全衛生	54%
その他	1%
行動規範の周知	7%
強制労働（管理記録上の不遵守）	1%
児童労働（証明書類の不備等）	2%
ハラスメント	4%
差別	3%

（資料）NIKE, *2004 Corporate Responsibility Report*, 2005

> **労働時間の基準**
>
> 　労働時間は該当する法律と産業の基準に則るものとする。いかなる場合も、労働者は週48時間以上の労働を恒常的に要求されず、7日ごとに少なくとも1日の休日を保証される。残業は自発的なもので週12時間を超えず、恒常的に要求されるものであってはならず、時間外労働は手当で保障される。

(資料)独立行政法人労働政策研究・研修機構:『労働政策研究報告書 No.45　グローバリゼーションと企業の社会的責任』、2005 年

　行動規範の実際を見てみよう。調達企業の要求は3類型ある。労働時間規制の基準を国内法規に求めるもの、国際協定に求めるもの、もしくはいずれにも依拠せず独自基準を設定する場合である。検討の出発点として、労働組合ＵＩゼンセン同盟がサプライチェーンを念頭に作成したモデル企業行動規範を使う。

　上記の内容は、実際に多くのグローバル企業の行動規範に盛り込まれているものと同一である。週48時間労働と7日ごとに少なくとも1日の休日との規定は、ILO条約とも整合的だ(なおILO条約上、時間外労働の限度は各国の政府がそれぞれ設定することになっている)。①週48時間労働に加えて残業は週12時間を超過しない、②7日ごとに少なくとも1日の休日、の2点について、以下で検討する。

(1)　週60時間労働(48時間労働＋時間外労働の限度12時間)

　行動規範上、週の最大労働時間は60時間とされている。図表6-7のとおり、中国の法定労働時間は1997年の国務院決定を経て、現在では、週40時間労働に加え、時間外労働の限度は月36時間である。したがって中国の法令は、モデル行動規範よりも一段厳しいことになる。しかし、同時に中国労働法は、同基準を遵守できない企業に対して、当局の許可を条件に他の基準を使用することを認めている。これは、法律上の例外が許容されていることを意味する。さらに、当局の許可は容易に得られるため、週40時間＋月36時間以内の時間外

図表6-7　労働時間に関する中国労働法の主な規定

	第4章　労働時間と休息休暇
第36条	国家は労働者の毎日の労働時間が8時間を超えず、毎週の平均労働時間が44時間を超えない労働時間制度を実行する。 ※ただし労働法施行後国務院決定により1997年に労働時間が1週間40時間に短縮され現在に至っている。
第38条	雇用側の組織は労働者に毎週少なくとも1日の休息を保証するべきである。
第39条	企業は生産の特殊性により本法第36条、第38条の規定を実行することができない時は、労働行政部門の承認を得て、その他の労働時間と休暇方法を実行することができる。
第41条	雇用側の組織は生産経営の必要により、労働組合および労働者との協議を経た後に労働時間を延長することができるが、原則として毎日が1時間を超えてはならない。特殊な原因により労働時間の延長が必要な時は、労働者の身体健康を保障するとの条件の下で延長する労働時間は毎日が3時間を超えてはならないが、ただし、毎月36時間を超えてはならない。

(資料)独立行政法人労働政策・研修機構資料

労働という法令上の規制は、事実上有名無実化しているといわれている[22]。また地方政府によって規制内容が変更されることもあり、例えば、週40時間労働に加えて時間外労働が週20時間まで許容されなるなど一様ではない。さらには、地方の労働基準監察局が個別に例外を認めることもある[23]。このように、中国法令の「原則」は、確かにモデル行動規範よりも厳しいが、法運用の実態

---

[22] Association for Sustainable & Responsible Investment in Asia, *LABOUR STANDARDS IN CHINA, THE BUSINESS AND INVESTMENT CHALLENGE*, 2002
[23] 企業関係者インタビュー（2006年3月）

は「原則」から乖離しているとみられる。

一方、タイ労働法では、週48時間に加えて週36時間までの時間外労働、あわせて週84時間の労働が認められている[24]。したがって、モデル行動規範の週60時間労働の要求は、タイ国内法規の求める水準より大幅に厳しいことになる。実際、欧米の調達企業は、タイのサプライヤーに自社の行動規範の遵守を求めるうえで、週84時間までの労働を合法とするタイの法令の存在がネックとなっていると語っている。

サプライヤーにとっては、法定労働時間の正確な理解が第一歩となる。労働法令上の規定が行動規範よりも厳しい場合には、法令上の義務が優先する。行動規範のほうが法令よりも厳しい場合であっても、例えば最繁忙期などに例外が認められる場合には、行動規範の条項に代えて、法定労働時間が適用される可能性が高い。

しかしながら、関連法令を十分に理解していたとしても、法規制が形骸化し、長時間労働が一般化している実態が遵守の制約となる。中国の一部工場では、200時間を超える時間外労働も決して珍しいものではない。地元企業に加え労働者自身も、場合によっては規制当局でさえ長時間労働を当然視している環境の中で、調達側の要求を遵守するには、特段強いコミットメントが必要である。

(2) 7日ごとに1日の休日

本要求は、日本の常識に照らせば当然のことと思われるかもしれない。しかし、調達企業の以下の発言をみると、日本社会のありようを海外の工場についても無意識のうちに前提としてしまうことには、十分注意する必要があると感じられる。

> 我々はまず日曜日を隔週で休みにするようにサプライヤーに圧力をかけた。次に毎週日曜日を休みにするようにさせた。

(資料) ILO, *BUSINESS AND CODE OF CONDUCT IMPLEMENTATION*, 2003

---

24) ILO, *BUSINESS AND CODE OF CONDUCT IMPLEMENTATION*, 2003, p. 235

きちんとした方針を持っていないと周辺の地元企業の「常識」に流されてしまう。先に勤務時間簿改ざん問題の存在に触れたが、仮にそのような行為が地元企業の間で広く行われていたとしても、日本企業の工場が違反行為に加わることは別問題だ。コンプライアンスの徹底が必要なのは日本国内だけではない。市場競争の激化から生産現場への圧力が高まる一方の今日、自社の海外工場、海外のサプライヤーがどのような環境の中に置かれているかを再確認する必要があるだろう。

出発点のモデル行動規範に戻ろう。「労働者は週48時間以上の労働を恒常的に要求されず、7日ごとに少なくとも1日の休日を保証される。残業は自発的なもので週12時間を超えず、恒常的に要求されるものであってはならず、時間外労働は手当で保障される」。多くのグローバル企業の行動規範に共通する内容である。しかし、途上国の現状に照らせば、決して低いハードルではない。CSRを経営に統合しない限り、調達企業から要求される水準を満たすことは容易でない。

6.3.4　結社の自由

筆者がブラッセルで活動した2000年から4年間の間に、多くのCSR関係者と会う機会に恵まれたが[25]、日本企業のCSRの弱みは、発展途上国における工場で、結社の自由の侵害がみられることではないかとの意見に接することがいく度かあった。もっとも、「ユニオンフリー（労働組合なし）」を社是としているアメリカ企業もある。日本企業の「労働組合ぎらい」が国際的に際立つ程のものなのかは必ずしも明確ではないが、国内で比較的穏健な企業別組合に慣れ親しんできたことの影響もあるのかもしれない。

いずれにせよ、結社の自由はCSR調達の行動規範に必ずといってよいほど登場する。本項目は、労働組合が存在することを義務づけるものではなく、ILO条約で「労働者および使用者は、事前の許可を受けないで、自ら選択する

---

[25] 詳細については、藤井敏彦：『ヨーロッパのCSRと日本のCSR——何が違い何を学ぶのか。』、2005、日科技連出版社を参照。

団体を設立し、加入することができる[26]」と規定されている権利を、会社側が侵害、介入しないという要請だ。侵害、介入行為の「不存在」の要請という点で、環境や賃金のような数値化可能な項目とやや性格を異にする。労働組合が存在せず、団体交渉が形式としては実施されていない場合、経営側が労働者と十分に意思疎通し、労働者の意向を聞いていることを記録などで証明することを求められることもある[27]。

結社の自由の項目は、中国においてやや特殊な考慮を要する。現地生産する企業にとっては、ある意味、政治的な機微に触れる可能性がある項目だ。ギャップの2004年社会的責任報告書の該当部分をみてみよう。内容もさることながら、慎重な言葉づかいが注意をひく。

> 結社の自由は、中国の法律の文脈においてとりわけ複雑な問題である。(中略)中国の法律は政府によって支えられた労働組合(the government-sponsored trade union)の傘下でのみ労働者に組織化を許している。当社は現在、労働者が意趣返しを恐れることなく懸念を表明し解決を求めることができる機会と手段を労働者に与えることを目的として、中国における自由な結社のための合法的な「並行的手段(parallel means)」を促進する(facilitate)方策を検討している。当社は中国の2、3の工場で小さな前進をはじめ、安全衛生とリクレーション活動についての労働者委員会の形成を手助け(facilitate)している。

(資料) Gap Inc., *2004 Social Responsibility Report*, 2005

中国の労働組合(中国語では「工会」。以下「工会」)の機構は、全国組織の中華全国総工会を頂点に、省や市などのレベル、企業や事業所などレベルでの工会とその工会員で構成される。法的に確立されているこの組織制度の枠内で工

---

[26] ILO条約87号の第1文
[27] 企業関係者インタビュー（2006年3月）

会を設立することは、労働者の権利として認められており、むしろ奨励されている。労働者側から求められた場合、会社が工会設立を拒絶することは法律違反となる。外資系企業も例外ではない。しかし、当該体系の外での組織化は認められていない。したがって、ILO条約が労働者に認めている「自ら選択する団体」を設立する自由を、中国の現行の法制度の枠内で労働者に直接的に保証することは難しい。SA8000は、結社の自由が法的に規制されている場合は、それと同等の手段を促進することを求めている(58ページ参照)。しかし、「同等の手段」が当局から違法とされる恐れがあることは否定できない。上記報告書中「合法的な並行的手段」、「安全衛生とレクレーション活動についての労働者委員会」などのくだりは、そのような法的文脈の中に置いたうえで、ニュアンスを汲みながら理解する必要がある。

　中国の現状を労働者の「結社の自由」という観点からどのように評価するか、現在の統治体制を前提として、そもそも「工会」が法的性格[28]や政府の関与などさまざまな点で「労働組合」といえるのかという点にはじまり、議論は多岐にわたる。中国の法制度を十分理解したうえで対処することが肝要である。

6.3.5　安全衛生

　前掲の図表6-6(205ページ)のナイキの例にあるとおり、安全衛生は問題がよく見つかる分野である。例えば、保護具などを準備して、労働者に対して使用方法に関する教育を行っていたとしても、労働者が「危険を感じていない」、「装着が面倒」などの理由で保護具を利用していないという場合には、自覚教育が不十分とのことで不適合になりえる。また、生活習慣や文化の違いから、労働者が保護具装着へ強い抵抗を感じる場合もある。そのため、労働者への安全、衛生意識の徹底が鍵になる。

---

28)　中国の工会は1992年制定の「工会法」を根拠法として設置される。

6.3.6 サプライヤーによるサプライヤー管理

　自社のサプライヤーの管理を調達企業から求められることがあり、サプライヤーが頭を悩ませる問題のひとつとなっている。衣料品産業では、サプライヤーが作業の一部を下請けに出すことがあるが、ブランドによっては、このような外注を禁止、または許可制にしているところがある。許可する場合も、外注先の CSR 管理を、サプライヤーの責任において実施することが条件となっていることが多い。このような作業の一部外注のケースは、サプライヤーも外注先に対して一定のコントロールがきく可能性が高い。しかし、製造段階の上流に位置する二次サプライヤーへの一次サプライヤーによる監査は、一次サプライヤーの体力、二次サプライヤーとの力関係などの点で、難しいケースもある。実際上どこまでの管理を実施するのか、調達企業との間で十分なすり合わせが必要となる項目である。

6.4　日本国内で監査を受ける際に注意すべき事項の例

6.4.1　雇用保険、社会保険

　国内サプライヤーの行動規範遵守状況は、一般に海外に比べ非常に良好であるが、いくつか比較的共通する問題点も存在する[29]。ひとつは雇用保険、社会保険の問題である。日本では、パートタイマーであっても 1 週間の労働時間が 20 時間を超える場合は雇用保険に入らなければならない[30]。この規定は意図的か否かは別にして、守られていない場合がある。労働時間管理にも関係する。労働契約上の勤務時間が週 20 時間未満であっても、実際の労働時間が 20 時間

---

29)　本節の内容は企業関係者インタビュー（2006 年 3 月）に基づく。
30)　http://www.mhlw.go.jp/general/seido/anteikyoku/koyouhoken/index.html

を超過すれば結果的に法令違反となる。

　社会保険については、パートタイマーであっても、1日または1週間の所定労働時間が通常の労働者の4分の3以上であるか、1カ月の所定労働日数が通常の労働者の4分の3以上である場合には、社会保険料を支払わなければならない。本規定についても注意を払う必要がある。

6.4.2　労働時間

　広く日本企業の労務管理上の問題点として知られている、いわゆるサービス残業には、やはり特段の注意が必要である。残業に関しては、先に行動規範中の文言の解釈にまつわる問題の例として挙げた「管理職」の対象範囲が問題となることもある。例えば、企業によっては一定の年収を基準に労働者を管理職として扱う例もある。このような例は、実質的には管理職としての仕事をしていないにもかかわらず残業規制の対象外となり、残業代が支払われない事態が発生してしまう。これは、行動規範違反と認定される可能性がある。

6.4.3　団体交渉権

　中小企業の場合、労働組合が存在しない企業が多い。賃金交渉が団体交渉という形でなされていない場合、賃金について労使間で話し合いがされているかどうかを労働者との面談などによって確認される。賃金について労使間で話し合うシステムを整備することが望ましい。

6.5 CSR 対応による顧客拡大

6.5.1 CSR 対応は不可欠か

　サプライヤーにとって、調達企業の CSR 要求に応えることの意味は、まず納入契約を維持することにある。もっとも、契約を失わないことが目的のすべてであると割り切ってしまえば、どの程度の対応が必要であるかは、調達企業の姿勢次第である。事実隠蔽を知りながら黙認する例を紹介したが、サプライヤーへの CSR 要求が「お飾り」にすぎない事例が現に存在していることを、さまざまな調査が報告している[31]。さして驚くべきことではないだろう。世界中のグローバル企業が途上国からの調達を進めた理由は、あくまで低コストである。今日、多くの企業が途上国からの調達をより包括的視点からとらえている。しかし、例外は常に存在する(もっとも現時点においてどちらが「一般」でどちらが「例外」であるかについては議論の余地があるが)。調達企業はさまざまだ。次のような例は、現実に少なからずある。

> 　衣料品メーカー X 社が 6 カ月間かけてあるサプライヤーと CSR の遵守項目について交渉し、やっと契約締結の運びとなったところで、そのサプライヤーは契約を辞退した。CSR 項目の遵守を要求しない Y 社から注文が来たからだ。経営者曰く「これまでどおりやって仕事がとれるなら、なぜ X 社の行動規範にかかずらわなければいけないのか」。

(資料) Association for Sustainable & Responsible Investment in Asia, *LABOUR STANDARDS IN CHINA, THE BUSINESS AND INVESTMENT CHALLENGE*, 2002 より筆者が一部要約。

---

31) NGO によるこのような調査報告の例として、Clean Clothes Campaign, *Looking for a quick fix How weak Social Auditing is keeping workers in Sweat Shops*, 2005 が挙げられる。

6.5.2 CSR 対応による顧客拡大

　CSR 対応を求めた X 社との契約を辞退したサプライヤーの例を、別の角度から見直そう。CSR 要求をしない Y 社への納入は、確かに短期的にはより大きな利益をもたらすかもしれない。しかし、Y 社と X 社のどちらがサプライヤーとより安定的関係を築くだろうか。Y 社は少しでも安い価格を提示する他のサプライヤーが現れたら直ちにそちらに移ってしまうかもしれない。一方、6 カ月かけて CSR 項目について交渉した X 社は、そのような時間的人的費用までかけて選んだサプライヤーをすぐに変更するだろうか。

　ブランド力のある企業ほど NGO の強い監視下にあり、CSR 調達に注力せざるを得ない。X 社は企業の評判を大切にする強いブランド力をもった企業である。一方、Y 社は低価格だけを売り物にする企業かもしれない。長期的にどちらとの取引がサプライヤーの利益にかなうだろうか。CSR 調達に真面目に取り組む調達企業は、サプライヤーにとっても望ましい取引先であると言えるのではないだろうか。

　サプライヤーは、CSR に取り組むことによって調達企業の選択肢を拡げることができる。あるサプライヤーは、調達先からの要請に応え、CSR への取り組みを本格化したところ、そのことが他企業の耳に入り、より大きな企業からの引き合いが増えた[32]。より多くの企業が CSR 調達を取り入れるなか、サプライヤーの CSR への取り組みは訴求力のひとつとなっている。

　先ほどの X 社の事例に戻ろう。ひとつのサプライヤーと 6 カ月間かけて CSR 項目について交渉する費用は決して小さくない。CSR 調達には費用がかかる。監査の実施にも大きな費用がかかることになる。このような費用は、調達対象企業の数に比例して増大する。できるだけ対象企業を絞ることが必要である。また、CSR リスクを管理するためには、サプライヤーを容易に増やすことができなくなる。グリーン調達の実施によってサプライヤーの数が急速に絞られているが、CSR 調達についても同じことが起こる可能性がある。

---

32) イオン関係者インタビュー（2006 年 3 月）

費用とリスクの双方の理由からCSR調達はサプライヤーを選別する。社会的価値観を共有する少数の企業間での安定的取引の価値が高まってきている。一種の「社会的系列化」とみることも可能だろう。サプライヤーにとって、新しい「系列」のパートナーとして認められることのビジネス上の意味は、決して小さくはない。

　CSR要求をしないY社の注文でよしとしたサプライヤーの判断が、実際に吉と出たか凶と出たかはわからない。しかし、CSRに取り組むサプライヤーにとって、好ましい外的環境が形成されつつあることは確かであろう。顧客のニーズに応えることがビジネスの基本であるとすれば、CSRを求める調達企業は確実に増えており、消費者に支持されている優良な調達企業ほどその傾向が顕著である。

6.5.3　CSR調達が進める経営革新

　CSRの取り組みが経営改善につながることを「ビジネスケース(ビジネス合理性)」と呼ぶ。CSRは、社会的課題の解決に企業が利益を多少犠牲にしてでも貢献しようという、一種の他利主義から出発点している。しかしビジネスケースの議論は、他利主義的行動が実は自己利益につながるという仮説から出発し、仮説が満たされる条件を特定しようとする。「情けは人のためならず」と同様の議論である。

　近年ヨーロッパで、盛んにビジネスケースの研究が行われている。理由は単純だ。当初一部の大企業のイニシアティブではじまったCSRであるが、社会的環境的問題を解決するためには、より広い企業の参加が必要であることが認識されたからである。特に中小企業の参加は不可欠である。しかし、中小企業にはNGOの圧力もかからないし、SRIも関係がない。そもそも経営に余裕がない。そのため、中小企業のCSRへの取り組みを奨励するために、どうしても「ビジネス上のメリットがある」と説明する必要が出てきたのである。これは、CSRが次の段階に進むためのハードルともいえる。省エネによる電気代節約のような簡単なものも含めれば、環境面については一定の成果が出ている。

しかし、CSRの社会側面についての取り組みがビジネス上のメリットとなるかどうかについては、肯定的な研究結果と否定的な研究結果が相半ばしている状況にある。

　CSR調達に関するビジネスケースの研究も注目を集めている。途上国の工場にとって、CSRの要請は過去の経営実態から大きな飛躍を求められるものであるが故に難しさもあるが、第7章で検討するように、同時に経営革新につながる可能性もある。

　「無限」に農村から低廉な労働力が供給されると信じられていた中国においてさえ、人手不足が顕在化しつつある。賃金の低さや労働条件のきつさは、農村労働力の出稼ぎ意欲を弱めている[33]。中国の輸出の約3割を占める広東省の法定最低賃金は、2005年からの2年間で33～57％上昇した。多くの出稼ぎ労働者を引きつけることを目的に、広東省政府が賃金水準の引き上げを図っているためという[34]。さらに、元の為替レートの上昇傾向が続けば、工場経営が質的転換を迫られる時期はより早まるだろう。

　CSR調達の要請は、底流にある実態経済の変化と方向性が一致している。それらは相乗効果をもたらすだろう。低賃金長時間労働を基礎とする経営モデルから、労働者を大切にし、動機付けしながら、長期的な生産性向上、技術革新を目指す経営モデルへの転換が進むかもしれない。CSR調達は、その大きな後押しになる。

　第7章で論じるように、CSRサプライチェーンマネジメントとは、そのエッセンスにおいて、サプライヤーまでを対象とする「拡大された人材戦略」であるととらえることもできる。海外生産を急速に拡大している多くの企業に、また日本の産業界全体に対して、CSR調達が問いかけるものは小さくない。

---

33)　2006年6月9日付日本経済新聞経済教室『中国、低廉労働力が減少』
34)　「広東省、今年も大幅賃上げ」『日経ビジネス』2006年6月19日号

参 考 文 献

- 世界銀行：*Strengthning Implementation of Corporate Social Responsibility in Global Supply Chains*, 2003
- ILO, *BUSINESS AND CODE OF CONDUCT IMPLEMENTATION*, 2003
- United Nations ESCAP, *MAXIMIZING THE BENEFITS OF CORPORATE SOCIAL RESPONSIBILITY FOR SMALL AND MIDIUM-SIZED ENTERPRISES PERTICIPATING IN REGIONAL AND GLOBAL SUPPLY CHAINS*, 2005
- Gap Inc., *2004 Social Responsibility Report*, 2005
- Starbucks Coffee Company, *C.A.F.E. Practices Verifier Operations Manual*, 2006
- 独立行政法人労働政策・研修機構：『グローバリゼーションと企業の社会的責任』、2005年
- Starbucks Coffee Company, *C.A.F.E. Practices Self-Evaluation Handbook*, 2004
- NIKE, *2004 Corporate Responsibility Report*, 2005
- Association for Sustainable & Responsible Investment in Asia, *LABOUR STANDARDS IN CHINA, THE BUSINESS AND INVESTMENT CHALLENGE*, 2002
- 藤井敏彦：『ヨーロッパのCSRと日本のCSR――何が違い、何を学ぶのか。』、2005年、日科技連出版社
- Verite, *Social Compliance Case Study*, 2005
- ASrIA,CIS,Impactt：『Impacttの時間外労働改善プロジェクトに関するSRIの展望』、2005年

第7章

グローバル経営とCSRサプライチェーンマネジメントの将来

第7章　グローバル経営とCSRサプライチェーンマネジメントの将来

　本章では、これまでのCSR調達の実例や課題を踏まえ、これから日本企業が、CSR調達の際にグローバル経営として留意すべき視点を提示する。欧米企業の間では、これまでの監査を中心としたCSR調達から、サプライヤーとの連携を重視するマネジメントに移行している。CSR調達は、ヒトにかかわる課題であるため、人事政策においてはグローバルな視点が必須である。また、QCDでの競争が激しくなるサプライチェーンマネジメントの現場に目を向け、この現実の中でCSRをどう組み込むかは、経営上の大きな課題である。CSRの展開は、企業の活動範囲と国家を再考するきっかけになったともいえる。本章の最後に、多国籍企業がグローバル化を図っていくうえでの考察を提示する。

7.1　モニタリング型から連携型マネジメントへ

7.1.1　監査に依存するマネジメントの課題

　日本企業はこの10年間、品質や環境マネジメントシステムの構築に多大な労力を投入してきた。この背景には、ISO 9000ファミリーやISO 14001の認証を取得するにあたり、取引先企業の要請がドライバーとして大きく働いたことがある。しかし最近では、認証取得だけが目的化してしまい、一部で活動が形骸化していることが最近では問題になっている。そのため、効果のあがる実質的な品質管理、環境活動に向けて見直しを行っている企業が多い。
　欧米の多国籍企業がサプライヤー監査を実施してきた最大の理由は、ステークホルダーからの強い要求に企業が対応を迫られたためである。1990年代初頭までは、ブランドを保有する多国籍企業にとって途上国のサプライヤーは、多くの場合、製品の供給マシンとしか映っておらず、信頼関係は十分ではなかった。監査は、NGOと企業が協議して共同で定めた行動規範を遵守するために、企業が努力していることを示す証といえる。これまでサプライチェーンにおける調達者の責任を果たす手段として、監査はその役割を果たしてきた。ILO条

約が、世界中のビジネスの日常でここまで一般的に語られるようになったこと自体、大きな成果だといえる。

　しかし、日本において品質管理、環境活動の「形骸化」を乗り越える努力が払われているのと同様、CSRサプライチェーンマネジメントも、世界的に新しい局面に移りつつある。現在、監査に依存したマネジメントから、サプライヤーの実質的な改善に向けた活動に軸足を移すべく、さまざまな取り組みがはじまっているのである。例えば、リーバイ・ストラウスの担当者は、「これまでのサプライチェーンマネジメントは、80％がモニタリングで20％が労働条件の改善行動に向けられていたが、今後はこの比率を逆転させる必要がある[1]」と語っている。

　日本の産業界も対応を進めている。既に述べたとおり、日本の電子電気産業は、調達基準から質問票までの共通化に取り組んでいる。ISO26000の検討に途上国側が賛同を表明したのは、行動規範や対応の標準化を求めたためであるが、日本の産業界は、その策定過程において中心的役割を演じている。また、監査手法自体の精緻化も進んでいる。

　このような変化の背景には、監査型サプライチェーンマネジメントの実状について国際機関からの提言やNGOからの批判があった。これらの論点は、監査の方法論に関するものと監査以上の取り組みを求めるものに大別できる。

(1) 監査の事実把握力

　監査の際に、サプライヤー側で虚偽の報告がされる現状がまだまだ多くみられる。監査側は、必ず証言や資料の提出を求め、裏を取るのだが、実際には不十分であることもある。労働者が工場側から模範解答を指示される、ヒアリングに工場長が同席するなど、本当のことを話せないケースが指摘されている。以下は、NGOの調査により、労働者から実際に得られた発言の一例である。

---

1)　"Ethical Performance," December 2005, P.7.

> 　工場では労働時間の二重帳簿が作成されている。繁忙時には月150-200時間の残業になるが、虚偽の帳簿には102時間以上の残業時間は記載されない。労働者は両方の帳簿にサインしなければならず、超過分は支払われない。

(資料) Clean Clothes Campaign, *Looking for a quick fix*, 2005, P.24.

　監査を行う側の問題も指摘されている。監査項目は膨大にのぼるため、時間や費用の制約から、チェックリストに頼った確認作業に陥りやすい。その結果、サプライヤーの事実隠蔽を見抜くことができないことも起こる。第三者機関の独立性や審査員はスキルについても、常に問題となっている。NGOは、商業ベースの機関の監査に対してさまざまな指摘をしているが、他方、NGOの監査だからといって、100%信頼されているとも限らない。

(2)　錯綜する監査

　衣料品業界では流通構造が多層化しているため、サプライヤー側は、通常多数の企業に製品を納めている。調達企業側が各社ごとに行動規範を策定し、それぞれで監査を実施すれば、サプライヤーの現場が混乱することは想像に難くない。監査は、全世界で年間3万件行われていると推定されているが[2]、なかには年間30〜50回も監査を受けたサプライヤーもあるという[3]。SA8000規格はあるものの取得件数は1000件程度であり、現段階では標準化に貢献しているとまではいえない。しかも、監査の手順は企業ごとに異なるうえ、監査の後に要求する是正措置の指示もまちまちである。

(3)　監査のみでは解決できない課題

　監査を通じて一定の改善がはかられてきた分野と、まだ多くの問題が未解決

---

2)　Clean Clothes Campaign, *Looking for a quick fix*, 2005, P.58.
3)　世界銀行, *Strengthening Implementation of Corporate Social Responsibility in Global Supply Chains*, 2003, P.18.

な分野がある。改善が進んだ分野は、児童労働や安全衛生である。年齢詐称や身分証明書の偽造の問題は常にあるものの、子供が働いていることは、厳重な確認や、インタビューの工夫などによって徐々に違反を把握して改善につながっている。安全衛生についても、監査で不備を指摘されても資金さえ手当てされれば対応可能である。

これに対して、過剰労働時間や結社の自由は、監査での指摘だけでは解決できない多くの問題を残している。NGO は、これらの問題を労働者の権利の問題としてみている。労働者が自分たちに権利があることすら知らされていないケースや、本当のことを話した労働者がブラックリストに載り、職場にいられなくなる事態などが批判の対象となっている。次のような指摘がなされている。

> 監査はサプライヤーの経営層と調達企業間の経営課題にはなるものの、労働者の問題を提示する手段になっていない。労働者には何も知らされておらず、監査の間彼らは検査され質問される対象としてしか扱われない。労働者が権利を主張し組合をつくることができれば、行動規範など必要なくなるだろう。

(資料) Clean Clothes Campaign, *Looking for a quick fix*, 2005, P.79-80.

7.1.2 生産性向上をもたらす実質的な改善

以上のような批判を受け、調達企業とサプライヤーが、協力して CSR 上の要請と生産性向上の両立に向けた取り組みを行うことが、CSR サプライチェーンマネジメントの最先端となっている。

ある事例研究[4]の対象となった上海長江服飾有限公司は、当初、賃金の二重帳簿をつけて監査を切り抜けていた。しかし、監査手法が精緻化するにつれ、経営陣は、このような対応は長期的な解決策にならないと考えはじめる。ある

---

4) Verite, *Social Compliance Case Study*, 2005

時点で同社は、CSR 要請の遵守を経営全般に統合するとの決断を下し、経営全般の見直しと改善を実施した。

　労働時間が削られると手取りが減ると心配する労働者。現状を変えることを厭う経営者。結果としての低賃金長時間労働。この「均衡」状態に調達企業の行動規範という外的圧力が加わる。一部のサプライヤーは、帳簿の改ざんなどの手っ取り早い手段で外部からの圧力をかわし、「均衡」を守ろうとする。経営効率の点において、現状の「均衡点」が最適な状況とは限らない。むしろ昔からそうしてきたという連続性がもたらす「快適点」にすぎないかもしれない。行動規範への対応は、新しい視点で経営を見直すことで、「快適点」からビジネス上の「最適点」に移行するきっかけともなる。国連の調査によれば、6割の工場が、行動規範を守れば利益は出ないと考えている[5]。しかし、経営全般を見直すとなれば、答えはちがってくるかもしれない。

　CSR 調達が出発点となり、まだ萌芽かもしれないが、途上国の工場でも変化が起こりつつある。社会的責任投資について積極的な活動を展開している ASrIA などの3つの組織が、共同で実施した生産性向上プログラムの例を挙げよう。

見直し対象となった工場内の問題点

① 品質および生産性

ずさんな生産計画や、マーチャンダイザーの工場管理側と生産側とのコミュニケーション不足によって、手直しが大幅に増え、非生産的かつ無報酬の部分が著しく増える可能性がある。

② 人事管理

新入社員の技能を査定し、労働者の実績をモニターするシステムがほとんどない。そのため、工場は技能の未熟な労働者を補充してしまい、彼らの技能を向上させ、高賃金で高レベルの職種に昇格させる機会をほとんど与えていない。

---

5) United Nations ESCAP, *MAXIMIZING THE BENEFITS OF CORPORATE SOCIAL RESPONSIBILITY FOR SMALL AND MIDIUM-SIZED ENTERPRISES PERTICIPATING IN REGIONAL AND GLOBAL SUPPLY CHAINS*, 2005, p. 31.

③ コミュニケーション
労働者と管理職間のコミュニケーションが一般に乏しく、そのため、賃金あるいは労働時間の変更が、ほとんど伝わっていないことがしばしばあるうえ、時にそれが労働者の怒りを買うこともある。また、製品仕様の変更に関するコミュニケーション不足から、手直しとそれに伴う時間外労働の度合いが高まることがある。

(資料) ASrIA, CIS, Impactt,『Impactt の時間外労働改善プロジェクトに関する SRI の展望』、2005 年

このような項目の見直しの結果、コミュニケーションの問題などに十分な改善がみられない項目はあったものの、生産性の大幅な上昇など、次のような顕著な成果が報告されている。

① 時間外労働
すべての工場で労働時間がかなり削減された。労働者の利益という点で特に重要な要素は、毎月の休日数が増加したことである。
② 生産性
すべての工場が品質管理を改善する措置を講じ、手直し作業を少なくとも 25％削減することに成功した。特に生産性において目覚しい成果をあげた工場とは、一連の生産性活動に最も包括的に取り組んだ 2 つの工場であり、そのうちのひとつは、プロジェクト期間中に約 190％の増加を実現した。
③ 労働者の賃金
労働者の労働時間が以前より減少していながら、月給総額、および通常勤務時間に対する月給は 4 つの工場で大幅に上昇し、生産性が向上すれば、労働時間を削減しても、総賃金が変わらないか、上昇することさえありえることを実証した。生産性に顕著な向上が見られないまま、労働時間が削減された場合、総賃金は変わらぬままだった。

④ 労働者への報奨
すべての工場が、懲罰的な人事管理(罰金、保証金など)から脱却し、積極的な措置(品質によるボーナス、技能に対する割り増し手当、長期勤務手当、疾病手当の支払いなど)に移行しはじめた。

⑤ 労働者の離職率
プロジェクト期間に、ほぼすべての工場で労働者の離職率が低下し、労働者が以前より労働条件や給付金に満足していることを示している。ひとつの工場では、労働者が追加の支援や研修を受けた後、生産性の自己目標を達成できなかった場合には退職を求める、という方針を出したことにより、その工場の離職率は上昇した。ただしその工場では、熟練労働者の残留率が劇的に改善した。

(資料) ASrlA, CIS, Impactt, 『Impactt の時間外労働改善プロジェクトに関する SRI の展望』、2005 年

このような試みは、調達企業の要請にはじまるトップダウンのアプローチではなく、サプライヤーの労働者の目線からはじめるボトムアップの取り組みである。サプライヤーを調達企業と同等のパートナーと考え、共存共栄を図らなければ、根本的な解決の道はないとの認識ができつつある。

これには、労働者の参画を得ることが大きな鍵と理解されているが、その際、労働市場の地域特性も勘案する必要がある。例えば、中国では直接サプライヤーが労働者を管理するのではなく、多くの場合、労働代理店がブローカーとして間に入っている。その結果、サプライヤーとそこで働く労働者の関係が間接的になってしまい、労働者の主体的参加の機会が阻まれる面もある。

NGO も、企業の不備を暴露するだけでなく、具体的対策のアドバイスも行っている[6]。また国際機関や国レベル、地域の自治体などの公的機関が、体制

---

[6] 例えば ETI (Ethical Trade Initiative) では、事例を挙げて典型的な法令違反の対応策を解説した冊子をシリーズで提供している。http://www.ethicaltrade.org/

やプログラム作りをバックアップし、社会全体の問題改善につなげることがはじまっている。労働組合との連携も主要なアプローチとして展開されている。サプライヤーとの協働の姿勢は、「三方よし」（売り手よし、買い手よし、世間よし。近江商人の教えとして知られる言葉）など日本の商慣行に古くから培われているやり方に共通するものがあるのではないだろうか。

7.1.3 これからのCSRマネジメントで求められる取り組み

（1） NGOの影響力を理解する

　NGOの主張が常に正しいとは限らない。NGOが局所的問題を過度に一般化することも少なくない。しかし、NGOがCSR調達を生み出し、かつ今日のCSR調達に変化をもたらしたとの事実を受け止めることは重要だ。日本では不祥事が起こると、メディア対応が最大の外部対策になる。しかし、メディアは課題そのものに関心を持っているわけではないので、関心も一時的で、別の事件が起これば報道はそちらに移る。「喉もと過ぎれば熱さを忘れる」程度の関心であれば、企業もその場の対応さえとっておけばうまく乗り切れる。

　一方で、社会問題の改善を訴求する国際NGOは、永続的、広域に行動している。根拠となる事実を徹底的に調べ上げ、企業に明確な回答と実施を求める。そして問題が解決するまで執拗に監視を続ける。不誠実な対応やその場しのぎの対処療法は禁物である。こうした行為はその後の監視で見破られ、そうなれば評判は一層悪化する。日本では、このようなアクティビスト型NGOの力が弱いので実感がわきづらいが、懸念を表明してくるステークホルダーを、まず認識することである。問題を指摘された場合、何を問題にしているかをよく聞き、彼らの懸念を理解することだ。ステークホルダーとともに問題に向き合う姿勢が大事である。

（2） 現状を把握する

　途上国での労務管理の話題になると、日本企業からは、概ね「我々の工場は労務管理に問題ない」という答えが返ってくる。確かに日本から進出した現地

工場の従業員の環境には相対的に問題は少ないだろう。しかし、工場内の契約社員や期間工、そしてサプライヤーまで広げた場合はどうだろうか。アジアでのサプライヤーとの取引では、日本企業も欧米企業と同じ立場にある。第3章のミズノの事例のように、実態を知らないだけで、調べれば問題があるというケースは間違いなくあるだろう。行動規範を策定し、遵守されているかどうかを確認する作業は、国際的なビジネスのための最低条件になりつつある。監査の項目や手順も標準化してきているので、こうしたものを活用して現状把握を行うことである。これから取り組む日本企業にとっては、まず欧米企業のこの10年の試行錯誤を学ぶことが有効だろう。

(3) パフォーマンスの向上に取り組む

監査は対策の入り口としての健康診断であり、次に続く治療があって、はじめて健康体が維持される。さらに予防対策をとることで、問題そのものを起こさないようにできれば万全だ。管理体制作りは手段であり、目的は経営の中にCSRの要素を取り入れ、現状を改善するパフォーマンスをあげることである。

対応する領域に対しては、挙げられている項目すべてを網羅的に行うのではなく、自社の経営と労働者にとって影響の大きい重要な項目は何かを考え、優先順位をつけて計画的に取り組むことだ。チェックリストに挙がっている項目がなぜ必要なのか、何が問題で、改善することでどのようなメリットがあるのか、といった検討の過程には大きな意味がある。このプロセスを、調達企業とサプライヤー、さらには労働者も含めて協議することがエンゲージメントであり、そうした過程を経ることで、共生の道がみえてくるだろう。

7.2 グローバルな人材戦略の展開

CSR調達の主要な要求事項が人権や労働であることから、多国籍企業は、海外での間接的な人材管理にまで責任を持たなければならなくなってきている。対応の範囲がグローバルを基本とする以上、人材戦略についても本社を中心と

したグローバル統括体制のもとに、各地域、各国での運用展開を図ることが必要になる。

(1) CSRはヒトの問題

CSR調達にはさまざまな要求事項が含まれるが、それぞれの領域で対策の方法が異なる。多くの場合、環境問題解決の鍵は技術開発である。目指す成果は「環境負荷を削減すること」である。革新的な技術を生み出すことによってクリーンな生産工程を実現し、環境配慮型の製品を市場に送り出すことで問題解決に貢献する。世界市場に製品を投入することで、社会にも目に見える効果があらわれる。このような技術開発による解決は、日本企業が得意とする手法である。日本は世界で最高レベルの環境対策を実現しているが、技術大国の延長に位置づけやすかったこともその一因だろう。

また、法令違反の不祥事対応の鍵は、コンプライアンス体制づくりである。倫理規定をつくり、それを社内に徹底させる統治管理機構を構築する。そして、社員一人一人に意識を持たせる仕組みが要となる。これはリスクマネジメントの体制構築と同様のアプローチである。

これに対して人権や労働問題の場合、対象はヒトである。対策の鍵は体制作りよりも、人事労務の状況を改善することである。労働者一人一人の権利を尊重し、能力を発揮できる職場を作ることが目標の到達点だ。しかし、労働者それぞれの価値観はさまざまであるし、労働法規や就業慣行も各国で異なる。「何をすればいいのか」という問いに対する単純明快な解はなく、一律に対策を決められない。そのため、事業を展開する国や地域での状況を踏まえて判断しなければならない。人材の多様性よりも経営の効率化を第一にしてきた日本企業にとって、最も苦手な領域である。これらの国の中には統治機構が安定していない国家も多く、現地慣行に適応する一方で、公正で誠実な経営を貫く実行力が求められ、行動には常に柔軟な判断を必要とする。

(2) 人材戦略におけるCSRの視点

これまで欧米流の経営理論をうまく取り入れてきた日本企業が、CSRに関

しては違和感を持つことが多いようだ。その背景には、人材マネジメントの展開の違いが根底にあるのではないか。CSRの一環で語られる人材マネジメントとは、社会や地域のニーズを社内の職場に反映させ、社員や労働者が働きやすい環境を提供することである。この機能をつかさどる社内の管理機能は人事部であるが、人材は外部との接点である。社内管理の視点だけでは不十分で、社会の動向を意識してはじめて企業が活性化する。

筆者はこれまでCSRについて数多く講演する機会に恵まれたが、残念ながら人事部からの参加が少ない。日本企業の場合は人事機能が社内権威となっており、内向きの傾向が強いようである[7]。今後、人事にたずさわる者には、職場の環境改善にとどまらず優秀な人材を確保するためにも、ステークホルダーや社会からの視点への配慮が必要となる。

また、各種法規に基づく体制整備は整えているものの、運用が回っていないケースもよく見受けられる。サービス残業や休暇取得の事実上の制限などは、労働法違反にあたる。労働法違反に注意を要するのは中国の工場だけではなく、足元の日本での改善に努めるべきである。人事部も関与しながら、業績評価や生産性の改善と兼ね合わせて総合的に取り組まなければ解決しない。

(3) 海外を含めた人事の統合的な展開

日本企業は世界中に高品質な製品を供給することで成功を収めてきたが、本社を核とした経営機能の統括については欧米企業に遅れをとっている[8]。企業のCSR担当者に海外人事の統括機能がどうなっているか尋ねてみると、多くの場合、本社人事が対象とする範囲は国内人事のみであり、海外の実態を把握している機能がない。本社と海外拠点とのパイプ役は海外事業部があたるが、そこでの管理対象は、マーケティングや技術開発、生産管理といった実務機能のみで、人事管理は含まれていない。海外人事が抜け落ちているのである。

この理由は、製品とブランドのグローバル化がこれまでの戦略の主眼で、人

---

[7] 藤井敏彦：『ヨーロッパのCSRと日本のCSR』、日科技連出版社、2005年、137ページ
[8] 藤井敏彦：『ヨーロッパのCSRと日本のCSR』、日科技連出版社、2005年、158ページ

材対策の国際的統括の必要性を強く感じなかったためだろう。そのため、経営の現地化に力を入れ、各拠点の人材対策は拠点に任せてきた。一方で、自社拠点のみならず、サプライチェーンまで含めた労働問題が本社に問われることが今日のCSRの視点であり、全世界での取り組みの仕組みが問われている。CSRサプライチェーンマネジメントには、自社の範囲を超えて、グローバルに拡大された人材対策としての一面がある。

例えば、途上国の工場での労働争議はNGOの大きな関心事で、現地での対応だけでなく、本社が把握、管理すべきという認識が広がっている。労働問題は、QCD(品質、コスト、納期)を優先した調達競争や効率性の過度の追求がもたらす負の側面である。事業や調達をグローバルに展開している以上、人材対策も同じ広がりで考えなければ、根本的な問題の解決はみられないのである。

各地域、各国レベルでの経営の現地化が部分最適だとすれば、このうえに各国の「部分」をつないだグローバルな「全体」最適戦略が必要になってくる。CSR調達は、操業する地域で信頼を得るための事業活動ともいえる。その地域のステークホルダーとの接点となる社員の判断と、本社が全体を一括して把握するグローバル体制があって、はじめて成果がもたらされるのである。

7.3 サステナブル・サプライチェーン(Sustainable Supply Chain)の構築

7.3.1 ジャストインタイム方式の社会的費用

経営技術としてのサプライチェーンマネジメントは、日本のジャストインタイム方式を基礎としている。ジャストインタイムにアメリカの制約理論の考え方が付加され、世界中の企業が採用する経営手法となった。

ジャストインタイム方式が在庫コストや品質向上に大きく貢献する一方で、社会的費用を伴うことは従来から知られていた。部品は小ロット多頻度で届け

られるため交通渋滞を引き起こし、徹底した在庫管理のため納期に少しでも遅れる恐れがあればタクシーや飛行機で部品を届ける。部品在庫を持たないメーカーの製造ラインが止まってしまうからだ。いきおい、下請け企業の職場環境は厳しいものとなる。

今日、極限まで短いリードタイムで多品種少量生産を行うことの社会的費用がグローバルな規模で発生している。CSR上の要請とサプライチェーンマネジメントの目指すQCD(品質、コスト、納期)の衝突が起きているのである。世界的衣料品メーカーのコンプライアンス部長に言わせれば「ばかげている」ということになる。

> 当社ではあらゆる製品について、デザインができてから製品がサンフランシスコの店舗に並べられるまでのリードタイムは45日と決まっている。サンフランシスコの本社は香港にいる我々に圧力をかける。もし手違いがあれば……。もし遅れが生じたら……。もちろん中国にいるマネージャーは従業員を一日14時間働かせている。そのことが正しいと言っているわけではない。しかし、何がかかっているか考えてほしい。もし納期に間に合わなければ、マネージャーは全ての貨物を自費で空輸しなければならない。飛行機で運ぶんだ！ アメリカ向けのシャツをコンテナに積む日の前日夜10時、マネージャーはまだ工場にいる。電話がかかってくる。梱包用の箱が足りない！ ありとあらゆる問題が起こる。あなたならどうする？ 従業員に寮に帰ってよいというだろうか。注文全体の利益が雲散しかかっているときに。納期に遅れれば罰則があり、空輸費用を払い、評判は地に落ち、次の契約はない。従業員は職を失う。ばかげている！

(資料) Association for Sustainable & Responsible Investment in Asia, *LABOUR STANDARDS IN CHINA, THE BUSINESS AND INVESTMENT CHALLENGE*, 2002

日本国内と同様の問題がより深刻化して世界中で起きつつある。効率性の追求とCSR上の課題への対応の衝突を最小限に抑え、両要請を高次元で両立させることが求められている。仲介者にこの機能を託すことも選択肢になるかもしれない。例えば、サプライチェーンを管理する香港の利豊(リーフン)は、ア

ジア各国の工場間にネットワークを築き、欧米企業の要求する品質基準と環境、社会基準を遵守するように監視する[9]。しかし、仲介者を使うことはさまざまな要因によって一定の限度がある。

7.3.2 従来型サプライチェーンマネジメントとの共通性

もともと品質、コスト、納期はあちら立てればこちら立たずで、相互になかなか両立しないものとみられていた。品質を改善するためにはコストがかかる。納期を短くすればコストは上昇し、品質上の問題が起こる可能性も高まる。サプライチェーンマネジメントの要諦は、供給連鎖を通じた全体最適を実現することによって3つの目標を高次元で同時達成することにある。CSR上の条件は最適化対象の目標がひとつ加わったものとみることができる。QCDからQCDR(品質、コスト、納期、(社会的)責任(responsibility))である。CSRサプライチェーンマネジメントは従来のサプライチェーンマネジントの延長線上に存在する。

もちろん、サプライチェーンマネジメントは、それ自体非常に難しい。サプライチェーンマネジメントが所期の目標を達成するための必須条件は、少なくとも以下のものを含む。

　—サプライチェーン内の企業間の情報共有
　—サプライヤーとの利害関係の一致
　—サプライヤーとの協力
　—調達企業の社内関連部署間の調整

(1) サプライチェーン内の企業間の情報共有

全体最適を達成するための必要条件のひとつが、サプライチェーンに属する企業間の情報共有である。需要見通しから生産能力、製造コストまで、さまざ

---

9) ハーバード・ビジネス・レビュー編集部：『サプライチェーンの経営学』、2006年、ダイヤモンド社、110ページ

まな情報が共有される必要がある。情報をもとにサプライチェーンの隘路を特定し、最適化を図る。しかし、ことは簡単ではない。例えば、サプライヤーにとってコスト構造を開示することは「手の内」を見せ、調達側の価格引き下げ要求に根拠を与えるようなものだ。当然、慎重になる。

できるだけ高く売りたいサプライヤーと安く買いたい調達企業の間で情報を共有することは、一筋縄ではいかない。しかし、企業がそれぞれ勝手に自己利益を最大化させようとすれば、どこかに在庫が積み上がり、供給連鎖のパフォーマンスは確実に低下する。そのつけは調達企業に回ってくる。

CSRについても同じである。サプライヤーはCSRに関する情報を進んで開示するだろうか。二重帳簿によって労働時間や賃金支払いの実態を隠蔽することと、コスト構造を開示しないこと、両者の問題の本質は変わらない。労働時間の実態が知れれば契約が解除されるかもしれない。情報開示によってサプライヤーは弱い立場に立つことを恐れるのである。結果、調達企業は、NGOに追及され、会社の評判を傷つけるリスクを負うことになる。

(2) サプライヤーとの利害関係の一致

情報共有の前提は、サプライチェーンを構成する企業の間で利害関係が一致していることである。「運命共同体」であると思って、はじめてサプライヤーは経営の機微に触れる情報を開示する。

もちろん、インセンティブの設計は重要である。個々のパートナーが全体最適にかなった行動をとるように動機付けられていれば制御は容易になる。しかし、全体最適にかなう行動が何かは、状況とともに変化する。需要拡大期と縮小期では求められるインセンティブシステムも異なるだろう。インセンティブを迅速に見直すためにも、土台となるパートナー間の信頼関係が肝要である。

途上国のサプライヤーがCSR上の要請を当初から完全に遵守している可能性は低い。なにがしか問題があるのが普通だが、問題是正に費用をかけることは、サプライヤーにとっては一種の「賭け」である。調達企業がどこまで真剣に「共存共栄」を考えているか、信頼関係がなければ限界がある。

7.3 サステナブル・サプライチェーンの構築

(3) サプライヤーとの協力

　日本の主要自動車メーカーは、サプライヤーを育成してきた。取引をはじめる前に、時には技術者を1年単位で派遣し、生産性向上のための指導を行うこともある。厳しい調達条件にサプライヤーから怨嗟の声が上がらないのは、このような支援協力があるからだ。もちろん、サプライヤー同士を競合させることも不可欠である。競合させつつも信頼関係を維持する、その微妙な案配が鍵である。他方、アメリカの自動車メーカーのサプライヤーとの関係は、多くの場合、同じく「サプライチェーンマネジメント」と称しながらも信頼関係の欠如という点で異なっている[10]。

　7.1.2項で取り上げた生産性向上プロジェクトを思い返していただきたい。日本の自動車メーカーが、内外のサプライヤーと一緒に、仕事の仕方を一から再検討する姿と重なる。社会的責任ある経営を生産性向上につなげていくためには、調達企業とサプライヤーの協力が必要だ。

(4) 調達企業の社内関連部署間の調整

　CSRの要請はサプライチェーンの中の新しい隘路である。先に「ばかげている」と表現された衣料品メーカーの45日というリードタイムは、現場労働者の14時間労働によって支えられていた。もちろん、仕事のやり方を見直すことで労働時間を短縮しながらリードタイムを守れるかもしれない。しかし、仮に1日8時間労働としたとき、寒い冬の需要急増に完全に応えることはできないかもしれない。場合によっては、リードタイムそのものを見直す必要もあるだろう。調達企業は整合的な方針をもたなければならない。45日のリードタイムを要求し、生産性向上の支援はせず、しかし法定労働時間の遵守を求める。行き着く先が勤務時間簿の偽造であったとしても、責任はサプライヤーだけにあるのだろうか。

　CSRサプライチェーンマネジメントは、従来型サプライチェーンマネジメ

---

[10]　ハーバード・ビジネス・レビュー編集部：『サプライチェーンの経営学』、ダイヤモンド社、2006年、119 - 120ページ

ントにも増して部門間の綿密なすり合わせが必要である。制約条件が増えるからだ。当然、費用、納期について妥協をしなければならないこともあるだろう。CSR部署と調達部門はもちろん、商品計画、販売などのさまざまな部署の間で調整を要する。部門間の密接な協力による整合性ある方針決定とその確実な実行——そこでは日本企業の強みが活きるのではないだろうか。

7.3.3 サステナブル・サプライチェーン構築に必要な新しい対応

　サプライヤーとの協力が「縦」の協力とすれば、CSRサプライチェーンマネジメントは「横」の連携も重要である。個別企業の努力が基本であった従来のサプライチェーンマネジメントと違い、CSRサプライチェーンマネジメントでは調達企業間の協力が成功の鍵である。他企業との連携によってさまざまな点で費用が節約でき効率性が高まるのみならず、サプライヤーに対する発言力も増すため、実効性もあがる。JEITAの例にみられるように、産業団体が果たすことができる役割は大きい。また、連携する相手は同一業種の企業に限られないこともある。鉱物資源や自然原材料が典型的であるが、ある物資を調達する企業は、さまざまな業種にわたることが多い。このような場合には、業界を超えた調達企業間の協力も有効である。

　さらに、FSC（森林管理協議会）のようなマルチ・ステークホルダー・イニシアティブは、企業のみならずNGOまで含めた情報共有、協力のスキームとして意味が大きい。資源開発に伴う地域社会の問題に適切に対処し、地域経済の健全な発展につなげるためにはその国の政府および地元の自治体との協力も欠かせない。一社だけでサプライチェーンを見渡しても、あまりの複雑さに圧倒され、何から手をつけたらよいのかさえわからないということにもなりかねない。他企業、ステークホルダーと広く話し合い、情報を共有し、協力していくことがサステナブル・サプライチェーン構築のうえでは重要となる。

7.3.4 何層目のサプライヤーまで対象とするのか

　実際に CSR サプライチェーンマネジメントに取りかかろうとすれば、さまざまな問題に突き当たる。なかでも、何層目のサプライヤーまでを管理の対象とするかは、最も多くの企業の頭を悩ませている問題であろう。「共犯」やバウンダリーの概念は制度設計の際の手引きとなるだろう。しかし、産業の特性によりリスクの所在も異なる。企業を問わず、適用できる形式的規範はなかなか成り立たない。

　先進的欧米企業といえども、多くは、まず一層目のサプライヤーのみに対象を限定し、経験を積みながら必要に応じて二層目のサプライヤーのうち特に重要なサプライヤー、さらに二層目のその他のサプライヤーと、時間をかけながら対象を拡げていこうとしている。対象サプライヤーの層を厚くすればするほどよいという単純な議論にはならない。費用の限界を考えれば、対象数と質は反比例するからだ。CSR 調達について最も長い経験を有している衣料品産業について、ILO は以下のように分析している。

> 　ほぼ全ての行動規範実施のプログラムの最初の段階は、第一層のサプライヤーを対象としている。調査の時点(2002 年)で A 社は第一層のサプライヤーにのみ CSR プログラムを実施している。遵守プログラムの自然な出発点だ。しかし、CSR プログラムが熟するにつれ、サプライチェーンのより深くまで適用されていき、より遠いサプライヤーの CSR 条件まで管理する傾向が見えはじめている。
>
> 　例えば(現在一層目のサプライヤーしか対象としていない)A 社は染色業者や生地メーカーを対象とすることを将来の目標としている。企業の中には二層目以下の下請け企業に行動規範を既に適用しているか、もしくは一次サプライヤーが下請けを使うことを禁止しているところもある。サプライヤーが作業を下請けに出すには調達企業の承認が条件となっているケースもある。このような規律は、品質管理に関してはあまりみられないもの

> である。例えばB社は、一次サプライヤーに承認した下請け企業を監査し、問題があった場合には一次サプライヤーの責任で対処することを求めている。

(資料) ILO, *BUSINESS AND CODE OF CONDUCT IMPLEMENTATION*, 2003 より筆者が一部要約

 しかし、実際のところ、CSR基準の適用はILOの見通しほど進んでいないようだ。あるNGOは、有名衣料品ブランド企業の二次下請けの中で、監査を受けているのは30%未満であると指摘している[11]。衣料品産業の製造二次下請けは一次サプライヤーの作業外注先であり、両者は、製品加工段階の点では、サプライチェーンの同じ第一層に属していると考えたほうがわかりやすい。製造段階のより上流について、世界銀行は、生地の製造、染色などを行う企業への監査はほとんどなされていないとしている[12]。
 同調査によれば、多くの調達企業の実態上の監査対象は、「ブランド名が直接的に関与している製品の製造工程」までである。例えば、サプライチェーンの上流に位置するある製品(例えば衣料品の生地)の製造をブランドが承認(authorize)したかどうかを判断することが難しい場合は、監査の対象とされない。この考え方を適用すれば、あるブランド専用の生地であれば、その生地のサプライヤーは監査の対象になり、複数のブランドが使う汎用的な生地であれば対象外ということになる。
 生地製造段階への監査がほとんどなされていないのは、生地はブランドごとに差別化されていないためかもしれない。しかし、ブランド衣料品の製造二次下請けでさえ、その一部しか監査の対象となっていないことを考えれば、「ブランド名が直接的に関与している製品の製造工程」の監査も、現実にはまだ途上であるとみてよいだろう。
 結局のところCSRサプライチェーンマネジメントによって何を達成しよう

---

11) 世界銀行, *IMPLEMENTATION MECHANISM FOR CODES OF CONDUCT*, 2004 p. 15.
12) 世界銀行, *IMPLEMENTATION MECHANISM FOR CODES OF CONDUCT*, 2004 p. 15.

7.3.4　何層目のサプライヤーまで対象とするのか

　実際に CSR サプライチェーンマネジメントに取りかかろうとすれば、さまざまな問題に突き当たる。なかでも、何層目のサプライヤーまでを管理の対象とするかは、最も多くの企業の頭を悩ませている問題であろう。「共犯」やバウンダリーの概念は制度設計の際の手引きとなるだろう。しかし、産業の特性によりリスクの所在も異なる。企業を問わず、適用できる形式的規範はなかなか成り立たない。

　先進的欧米企業といえども、多くは、まず一層目のサプライヤーのみに対象を限定し、経験を積みながら必要に応じて二層目のサプライヤーのうち特に重要なサプライヤー、さらに二層目のその他のサプライヤーと、時間をかけながら対象を拡げていこうとしている。対象サプライヤーの層を厚くすればするほどよいという単純な議論にはならない。費用の限界を考えれば、対象数と質は反比例するからだ。CSR 調達について最も長い経験を有している衣料品産業について、ILO は以下のように分析している。

> 　ほぼ全ての行動規範実施のプログラムの最初の段階は、第一層のサプライヤーを対象としている。調査の時点（2002 年）で A 社は第一層のサプライヤーにのみ CSR プログラムを実施している。遵守プログラムの自然な出発点だ。しかし、CSR プログラムが熟するにつれ、サプライチェーンのより深くまで適用されていき、より遠いサプライヤーの CSR 条件まで管理する傾向が見えはじめている。
>
> 　例えば（現在一層目のサプライヤーしか対象としていない）A 社は染色業者や生地メーカーを対象とすることを将来の目標としている。企業の中には二層目以下の下請け企業に行動規範を既に適用しているか、もしくは一次サプライヤーが下請けを使うことを禁止しているところもある。サプライヤーが作業を下請けに出すには調達企業の承認が条件となっているケースもある。このような規律は、品質管理に関してはあまりみられないもの

> である。例えばB社は、一次サプライヤーに承認した下請け企業を監査
> し、問題があった場合には一次サプライヤーの責任で対処することを求め
> ている。

(資料)ILO, *BUSINESS AND CODE OF CONDUCT IMPLEMENTATION*, 2003 より筆者が一部要約

しかし、実際のところ、CSR基準の適用はILOの見通しほど進んでいないようだ。あるNGOは、有名衣料品ブランド企業の二次下請けの中で、監査を受けているのは30％未満であると指摘している[11]。衣料品産業の製造二次下請けは一次サプライヤーの作業外注先であり、両者は、製品加工段階の点では、サプライチェーンの同じ第一層に属していると考えたほうがわかりやすい。製造段階のより上流について、世界銀行は、生地の製造、染色などを行う企業への監査はほとんどなされていないとしている[12]。

同調査によれば、多くの調達企業の実態上の監査対象は、「ブランド名が直接的に関与している製品の製造工程」までである。例えば、サプライチェーンの上流に位置するある製品(例えば衣料品の生地)の製造をブランドが承認(authorize)したかどうかを判断することが難しい場合は、監査の対象とされない。この考え方を適用すれば、あるブランド専用の生地であれば、その生地のサプライヤーは監査の対象になり、複数のブランドが使う汎用的な生地であれば対象外ということになる。

生地製造段階への監査がほとんどなされていないのは、生地はブランドごとに差別化されていないためかもしれない。しかし、ブランド衣料品の製造二次下請けでさえ、その一部しか監査の対象となっていないことを考えれば、「ブランド名が直接的に関与している製品の製造工程」の監査も、現実にはまだ途上であるとみてよいだろう。

結局のところCSRサプライチェーンマネジメントによって何を達成しよう

---

11) 世界銀行, *IMPLEMENTATION MECHANISM FOR CODES OF CONDUCT*, 2004 p. 15.
12) 世界銀行, *IMPLEMENTATION MECHANISM FOR CODES OF CONDUCT*, 2004 p. 15.

としているのか、目的に照らして制度を設計することが説得力を持つことにつながるのではないだろうか。形式的な警察行為に徹すれば、最初から複数層のサプライヤーを対象にすることも可能かもしれない。しかし、サプライチェーンに関する企業の社会的責任についての国際世論は変化しつつある。より広い範囲のサプライヤーへの対応を求める議論は依然としてあるが、しかし同時に、NGOをはじめとするステークホルダーの批判の焦点は、むしろ形式化した監査に向かっている。問題の本質的解決を図ることが求められているのであり、そのためには一歩一歩進めていく必要があるだろう。

7.4　日本が拓くCSRサプライチェーンマネジメントの将来

7.4.1　「企業」にとっての「国」

　企業活動のグローバル化は国境の経済的意味を低下させつつある。日本企業をはじめ世界中の企業が生産、研究開発から顧客センターに至るまで、世界中で最適な地に拠点を置いている。一部には、企業の「国籍」はもはや意味を持たない、と言いきるだけでなく、さらに進めて「日本企業」や「アメリカ企業」などという枠組みは早晩消えうせて、「グローバル企業」だけが生き残るという言説も聞かれる。

　人々の間にも「地球市民」という感覚の萌芽がみられる。NGOに入り、海外の貧困、人権問題の解決に役立ちたいという若者が増えている。インターネット等情報量の爆発的増大が、「国境」を越えた経験の共有を可能にし、人々の価値観に影響を与えているのかもしれない。

　しかし、「国」は依然として人々の集団的経験の単位として、無視できない存在である。人は自らの経験のフィルターを通して考える。例えば、失業経験の有無により、「事業再構築」という概念の受け止め方も違うだろう。同様のことが一定程度社会にもいえるとすれば、社会は自らの過去に照らして思考す

る。公害などの社会的惨禍は国中に伝えられ、人々の胸を締めつけた。水俣の惨状は、東京や大阪に住む人にも共有される日本全体の「経験」であり、社会の「思考」に影響を与える。しかし、アフリカの貧困は必ずしもそうではない。外国の人権蹂躙や失業に喘ぐ人々の辛苦は、報じられることはあっても受け止められ方は異なる。「もって他山の石とする」ことができる範囲には限界があるようにみえる。もちろん、これは日本のみの現象ではない。アメリカにもヨーロッパについても同様のことがいえる。

実際、CSR観の地域間の差異は大きい。「人権」や「労働者の権利」を語るCSR調達に対して日本が当初感じた違和感も、その一例かもしれない。国内の議論は環境問題と法令遵守が中心となり、海外の問題は長く議論の俎上に載らなかった[13]。

企業活動の経済的側面とは対照的に、社会的側面においては「国籍」の影響力がむしろ自覚されつつある。CSRという言葉が世界中に広がった結果、逆説的かもしれないが、むしろ母国の社会的価値観が依然として強く企業に影響していることがはっきりした。そして、この自覚を出発点にCSR概念の国際的収斂がはじまりつつある。

7.4.2 CSR概念の収斂と日本産業の位置

つい5年前と比べても隔世の感がある。当時、ヨーロッパ企業のCSR調達の動きを紹介すると、出席者から疑問の声が上がることが多かった。直截なものは、「児童労働のどこが悪いのか、仕方ないではないか。」という論である。確かに日本もかつて児童労働を経験した。「アジアにはアジアのやり方があるはずだ」といった価値観の東西の別についての意見も多かった。このような思いは、日本の産業人の間で相当程度共感されていると感じた。筆者も「直感的」に理解できたし、その「心情」に合意もした。ただ、アジアや日本の価値観に

---

[13] 藤井敏彦：『ヨーロッパのCSRと日本のCSR——何が違い、何を学ぶのか。』、日科技連出版社、2005年、2章、6章

立脚したCSR調達の具体像は必ずしも判然としなかった。

その後、人権や労働者の権利といった概念の規範力への認識は増し、日本の精神文化の内に対応概念があることも語られた。さらにビジネス上の必要性も高まっている。状況は変化した。

是非はともかく、CSR調達は、CSR概念の世界的収斂装置としての性格を有している。欧米企業と日本企業のCSR調達条件は、同一産業内ではほぼ同じだ。サプライチェーンに限れば、日本とヨーロッパの間にあるCSRの受け止め方の相異は大方消滅しているといえる。むしろ費用や実効性の面から、大きな違いがあっては困る。日本の経済団体や企業の中には、ヒトの問題をCSRの範疇で語ることに依然抵抗を感じているところもある。しかし、サプライチェーンマネジメントのCSRから、ヒトの問題を外すべきだという主張はない。

それでは、CSRはサプライチェーンのネットワークを通じて世界的に「画一化」され、日本企業の経営理念が活かされる余地はなくなるのだろうか。

筆者はそのようには考えない。現在進みつつあるCSR概念のグローバル化に伴う理念の共有は、欧米の思考と作法が世界を覆うといった単純な現象ではない。既に日本企業の影響もみられる。SA8000において、従業員の懲戒手段のひとつとして減給が組み込まれたのは、日本企業の慣行の合理性が認められたからである[14]。先進国の「理念」と途上国の「現実」も、前者が後者を一方的に規律する単純なものにはならないはずだ。対話と衝突の過程で必ず作用と反作用、相互変容が起きていくだろう。監査の重要性とともにその限界も認識され、サプライヤーの経営を調達側がサプライヤーと共同で再検討する動きもその一例だ。

社会的責任に関するISO26000は「認証」規格ではないが、策定されれば、その「確認」や「検証」が調達条件化するかもしれない。しかし、品質マネジメントシステム規格のISO9000が、品質向上のすべてを語り尽くすものでないことと同様、ISO文書は、CSR調達の取り組みの外縁を画すものではない。

CSRサプライチェーンマネジメントには、調達条件の項目や文言にとどま

---

14) 関係者インタビュー（2006年4月）

らない空間があり、そこにおいて経営理念が問われることになる。CSR 概念のグローバル化は、必ずしもグローバルな CSR の「画一化」を意味するものではない。CSR 調達に接した日本の産業界が、曰く言いがたい違和感を持った事実は貴重である。今後の取り組みにあたって重要な基礎となるだろう。日本の産業界は、「違和感」を解消し、自ら得心のいく形で CSR 調達を実施していく立場に立っている。

7.4.3　日本の協働型経営の貢献

　サプライチェーンは複雑に枝分かれし絡み合っている。源流まで遡ることや河口まで追跡することが不可能な場合も少なくない。加えて CSR 管理にはコストがかかる。このような困難な状況の中で対応を進めるために、業界共通行動規範の策定など新しい展開がある。欧米企業の中には、既に 10 年以上取り組んでいるところもあり、行動規範の策定から監査、監査結果の情報開示に至る方法論も存在する。SA8000 や FSC（森林管理協議会）認証等、NGO と企業との協力のスキームも多数存在する。他方、サプライチェーンのどこまでを自社の社会的責任の範囲と考えるかなど、依然多くの企業が頭を悩ませている問題も多い。また、労働時間問題ひとつを取り上げても、規格や認証だけでは本質的解決には必ずしもつながらない極めて複雑な問題が内包されている。日本の産業界が立つスタートラインはこのような状況下にある。

　CSR 調達は、「調達」という経営の中心的機能への CSR の適用である点で、第 1 章で述べた「企業が社会や環境に関する問題意識を、その事業活動やステークホルダーとの関係の中に自主的に組み込んでいく」という要請の中核に位置づけられる。サプライチェーン中の労働者の権利の擁護、資源の有限性への配慮などの要請は、いずれも経営の中心的諸課題との調整を要するだけに、CSR を経営活動の付加的存在と考えていては対応が難しい。CSR 調達は、社会的責任の範囲がサプライチェーンの上流および下流に引き伸ばされつつあることの結果であるが、結局問われているのは調達企業の社会的、環境的配慮の経営への統合の度合い、すなわち CSR への取り組みそのものである。日本企

業の「強み」を活かし、「弱み」を補いつつ進めていくべきだろう。

　サプライヤーとの協働の実績は、多くの日本企業の強みである。日本企業は、海外のサプライヤーを何年もかけて育成してきた。日本企業がグリーン調達で先行できたのも、サプライヤーとの情報共有、協働作業に強みがあったことが一因だろう。サプライヤーとの協力関係構築の技術と経験は、新しい課題であるCSR上の要請についても応用できる。また、NGOや政府をはじめとするサプライヤー以外のステークホルダーとの関係にも活かすことができるだろう。

　他方、グローバルな人事政策の立ち後れや巨大NGOと対峙した経験の乏しさは「弱み」であろう。さまざまな局面で主体的判断が求められるCSR調達は、決められた法令の遵守とは異質であり、また、経営目標との調整が必要であるという点で、フィランソロピーとも性格を異にすることの認識も不可欠だろう。しかし、欧米に比べれば日本の産業のグローバル展開の歴史はまだ浅い。このような「弱み」は、経験とともに、しだいに解消されていくだろう。CSR調達の実践から日本企業が学べることは多いのではないだろうか。

　同時に、日本企業の取り組みは世界に影響を及ぼしていくだろう。当初、CSR調達に違和感を持った大きな理由は、ヨーロッパの語る「理念」と途上国の「現実」の間に直感的に溝を感じたことにあると考えられる。その「直感」は正しいものであった。今日では、同様の問題意識が広く共有され、CSR調達を新しい段階に進める原動力となっている。CSRは、本質において現実への能動的働きかけである。CSRサプライチェーンマネジメントは、実践を通して日本が世界的課題の解決に貢献するひとつの形になるのではないだろうか。

参 考 文 献

・藤井敏彦：『ヨーロッパのCSRと日本のCSR』、日科技連出版社、2005年

あとがき

　ここ数年で日本企業の間に CSR の認識が広がっているが、その一方で私には何か釈然としないものがあった。今日世界で語られている CSR は、グローバルな社会・経済での企業の果たす役割や責任である。しかし日本国内では、概念的な社会的責任論やブランドとして企業価値創出の視点が強調されている。日本的 CSR の議論が無駄なわけではないが、世界では、CSR は理念論やあるべき論を語る段階ではなく、今日の企業経営の意思決定に影響を及ぼす実務面での重要な要因になっている。そのギャップをもっと知る必要がある。

　私の CSR との接点は、1990 年代はじめ、ドイツ系のコンサルティング会社にいた頃に、環境経営のプロジェクトにかかわったことにはじまる。当時、日本企業はまだ環境を経営の要素に組み込んでいなかったが、ドイツ企業は先んじて対応していた。これに刺激された私は、企業と社会の接点となるエリアを企業経営の立場から追求したいと考え、1996 年に独立した。その後ヨーロッパを中心に、トリプルボトムラインや持続可能な発展の議論が急速に広まっていき、私の関心も環境から社会全体の分野へと広がっていった。

　2000 年に入ると、イギリスの SRI 調査機関である EIRIS（Ethical Investment Research Services）社から日本の調査窓口の打診があった。日本では CSR の認識がほとんどなく、社会貢献との違いも明確ではなかった。EIRIS 調査の主要パートは、労働慣行や人権問題という、日本人にとって扱いづらいトピックだ。今でこそこうした質問項目への抵抗は少なくなったが、神経をとがらせる調査を日本ではじめて行うことについて、かなりの迷いがあった。結局この調査を受けることが私にとって重要なステップになりそうだとの予感があり、思い切って踏み切ることにしたが、その時は CSR がこれほど日本で一般化するとは思ってもみなかった。この時から日欧米間の CSR のとらえ方の違いをずっと考えており、海外の動向をできるだけ把握するよう努めている。

そうしたなか、2002年6月、ロッテルダムで行われたCSR会議の会場で、はじめて藤井敏彦氏にお会いした。ブラッセルで活動する藤井氏から「CSRはこれから世界的に重要なトピックになると僕は直感的に思いますよ。ぜひこのテーマを追いかけたらいい」と言われ、私の関心はますます深まっていった。今回共同編著が実現したのも、グローバルでのCSRについて、お互いの考えをぶつけ合ってきたことがベースにある。

　欧米の特定業種では、途上国でのサプライチェーンマネジメントでのCSR配慮が、かなりのレベルで定着しており、多国籍企業のビジネスにおいて必須の要件となっている。日本企業にもCSR調達の考えが広がり出しているが、まだ実務としての必要性の感覚が弱い。日本企業の気づかないところで、人権や労働への配慮はビジネスの要件になっていることを本書を通して理解していただけたなら幸いである。

　今回の出版にあたっては、特に藤井氏との協議が非常に勉強になった。時に意見や解釈が対峙することもあったが、議論の過程で見落としていた事実に気づかされ、論理展開の甘さや論拠の不十分さなどを再認識することができた。また同じ課題であっても、参照する文献や分析の視点が違ってくることも大変興味深かった。例えば、藤井氏はILOや世界銀行などの公共機関の資料を中心に、政策的、マクロ的な観点からとらえることに対し、私は途上国における労働の実状について企業はどうみられているかを、国際NGOの実態報告からみようとする。本書は、両者の視点に各企業やその他実務にかかわる方々の視点が加わり、さまざまな切り口がミックスできたのではないかと思っている。

　ビジネスがグローバルに展開されている今日、CSRについても同じ視点でとらえ、海外での操業においても社会的責任を意識してほしい。私も、責任ある企業経営のために、今後も企業の皆さんに伝えるばかりでなく、あるべき方向を追求し、企業の活動を側面から支援し続けていきたい。

　最後に、この著の作成にあたって日科技連出版社の清水氏、木村氏、そして執筆にご協力いただいた皆様にお礼申し上げます。

海野みづえ

●さくいん

【A-Z】

Business Partner Terms of Engagement　91
C.A.F.E.（Coffee and Farmer Equity）　196
CAFOD（Catholic Agency for Overseas Development）　15、64
CSR 公共調達　52
CSR サプライチェーンマネジメント　142
EICC（Electronic Industry Code of Conduct）　16、64
EU 政府調達指令　53
FSC（森林管理協議会）　69、127
FTSE4Good　36
GAP Analysis　190
GeSI（Global e-Sustainable Initiative）　66、108
Global e-Sustainability Initiative : GeSI　66
GRI ガイドライン　82
GRI ガイドラインの鉱山・金属業補足文書　78、131
Guiding Principles for Suppliers to the Mizuno Corporation　97、100
HIV/AIDS　40
ICMM（国際金属・鉱業評議会）　76、129
ILO　39
ILO 条約 29 条　40
ILO 条約 87 条　41
ILO 条約 98 条　41
ILO 条約 100 条　40
ILO 条約 111 条　40
ILO 条約 105 条　40
ILO 条約 138 条　40
ILO 条約 182 条　40
IR（Investor relations）　36
ISO（International Organization for Standardization）　15
ISO14001　24
ISO 社会的責任規格（ISO26000）　80、186
ISM（Institute for Supply Management）　19
ISM Principles of Social Responsibility　19

さくいん

JFITA（社団法人電子情報技術産業協会）　66
LCA（Life Cycle Assessment）　42
License to operate　47
LOHAS（Lifestyles of Health and Sustainability）　26
MSC（海洋管理協議会）　73
MSI　56、134
OECD 多国籍企業ガイドライン　39
OEM（Original Equipment Manufacturer）　31
OHSAS18000　41
PDCA サイクル　143、170、172
Play Fair at the Olympics Campaign　96
QCD　17
RoHS (Restriction on Hazardous Substances) 指令　24
SA8000　57
SGEC　125
SRI（Socially Responsible Investment）　15、36

【あ行】

相手国選定のためのガイドライン　91
アウトソーシング　31
安全衛生　13、25、41、211
イオンサプライヤー CoC（サプライヤーコードオブコンダクト／取引行動規範）　101、102
NEC グループとしての「サプライチェーン CSR ガイドライン」　112
欧州商工会議所　51
オフショア化　32
オリンピック・プレイフェア・キャンペーン　96

【か行】

海洋管理協議会（MSC）73
化学物質　42
株主行動　36
環境社会影響評価　129
監査　20、142、192、220
ギャップ（Gap Inc.）　188
ギャップ分析　190

救済計画　199
業界標準賃金　200
強制労働　40
共犯　19
グリーン購入　23
グリーン購入ネットワーク　23
グリーン購入法　23
グリーン調達　18、23、24、26、106
グローバル・コンパクト　15
結社の自由　41、209
研修　157、194
原材料調達　42、122
工会　210
公正取引　13、152
コールセンター　32
国際金属・鉱業評議会（ICMM）　76、129
個人情報　193
雇用保険　212
コンプライアンス　32、39

【さ行】

サービス残業　213
最低賃金　41、184、200
最繁忙期　190
債務的労働　40
搾取工場　35
サハリンⅡ　46
サプライマネージメント協会　19
差別の禁止　40
シェル　46
時間外労働　187、203、213
資源枯渇　46
資生堂グループ・サプライヤー行動基準　118
持続可能な社会作りへの貢献を目指す連合（GeSI）　66、108
持続可能な森林経営　123、124
持続可能な農業イニシアティブ　133

249

さくいん

児童労働　13、40、62、94、95、195
社会貢献活動　12
社会的責任投資　15、36
社会保険　212
ジャストインタイム　204、231
障害　40
宗教上の信仰　40
週48時間労働　206
需要の季節変動　100、204
人権　25、39
人材　228
人種　40
森林管理協議会　69
スターバックス　196
ステークホルダーとのエンゲージメント　138
政治信条　40
政府調達　50
性別　40
是正期間　191
是正措置　190
操業のための免許　47
総労働時間　184
ソニーサプライヤー行動規範　109、110

【た行】
団体交渉権　41、213
地球温暖化防止　42
中華全国総工会　210
中国労働法　206、207
長時間労働　41
出来高　202
電子業界サプライチェーンにおける行動規範　16、64、65

【な行】
ナイキ　15
二重帳簿　223

抜き打ち監査　193
納期　17、204、232

【は行】
廃自動車（End of Life Vehicle）指令　24
ピースレート　202
ビジネスケース　216
ビジネス・パートナーに対する契約条件　91
品質　17、233
フィランソロピー　12
フェアトレード　26
不買運動　35
腐敗防止　15
米国サプライマネージメント協会社会的責任原則　19
法令遵守　39、62

【ま行】
マルチ・ステークホルダー・イニシアティブ　56、134
ミズノ株式会社の供給者基本原則　97、100
「緑の循環」認証会議　125
モニタリング　142、154、161

【や行】
有害物質　24

【ら行】
ライフサイクルアセスメント　42
リードタイム　232
リーバイ・ストラウス　90、221
リサイクル　23、42
労働環境　25
労働組合　209
労働条件　25、53
ロハス　26

【執筆者紹介】（五十音順）

足立直樹（あだち　なおき）
株式会社レスポンスアビリティ代表取締役　理学博士
国立環境研究所で勤務の後、コンサルタントとして独立。生物多様性とアジアのCSRが主要テーマ。
執筆担当：3章（3.1、3.2）

大石貴子（おおいし　あつこ）
株式会社みすずサステナビリティ研究所（旧　株式会社中央青山PwCサステナビリティ研究所）　上席研究員
同社のCSR－SCM事業のリーダーで、モニタリングをはじめグローバルサービスを提供している。
執筆担当：第5章

桑山三恵子（くわやま　みえこ）
株式会社資生堂　前CSR部　部長　経営学修士　経営学倫理士　薬剤師
社団法人日本経団連　ステークホルダーとの対話ワーキンググループ主査。著書に『社会から信頼される企業』、中央経済社。
執筆担当：第3章（3.5）

西面和巳（さいめん　かずみ）
イオン株式会社　SA 8000推進プロジェクトチームリーダー
執筆担当：第3章（3.3）

鈴木　均（すずき　ひとし）
日本電気株式会社　CSR推進本部　CSR推進企画室長兼社会貢献室長
社団法人日本経団連 ISO SR規格化ワーキンググループ主査など。共著に『実践的CSR経営の進め方』、日科技連出版社。
Corporate Social Responsibiliy in the Promotion of Social Development, Inter-American Development Bank
執筆担当：第1章（1.1）、第2章（2.2.3）、第3章（3.6）

武田倫世（たけだ　みちよ）
SGS ジャパン株式会社　認証サービス事業部　ISO 14001/SA8000 主任審査員
執筆担当：第 2 章（2.2.2）

寺田良二（てらだ　りょうじ）
株式会社みすずサステナビリティ研究所（旧　株式会社中央青山 PwC サステナビリティ研究所）　専務取締役（公認会計士）
同社の環境・サステナビリティ事業責任者で、新規事業立上げや多くの大手企業との業務に関与している。
執筆担当：第 5 章

冨田秀実（とみた　ひでみ）
ソニー株式会社　CSR 部　統括部長
ISO/SR（社会的責任）ワーキンググループ　タスクグループ 2　コンビナー
GRI（グローバル・レポーティング・イニシャティブ）TAC（技術諮問委員会）委員
執筆担当：第 1 章（1.2、1.3、1.4、1.5）、第 2 章（2.3.1）、第 3 章（3.4）

満田夏花（みつた　かんな）
財団法人地球・人間環境フォーラム　主任研究員
発展途上国と CSR、開発金融と環境、原材料調達の持続可能性などの調査業務に従事。
執筆担当：第 2 章（2.2.5、2.2.6）、第 4 章（4.1.2、4.1.3、4.1.4）

矢口哲三（やぐち　てつぞう）
SGS ジャパン株式会社　認証サービス事業部　ISO 14001/FSC 森林管理/CoC 認証主任審査員
執筆担当：第 2 章（2.2.4）

【編著者紹介】

藤井敏彦（ふじい　としひこ）
1987年東京大学経済学部卒業、同年通商産業省（現経済産業省）入省
1994年ワシントン大学MBA
G7サミット、OECD、防衛装備交渉等の国際通商政策、産業再生法起草、緊急経済対策立案等の国内産業政策に携わった後、2000年より2004年までベルギー・ブラッセルの在欧日系ビジネス協議会事務局長、日本機械輸出組合ブラッセル事務所次長を務め、対EUロビーイストとして活動。
CSRをはじめ環境規制、欧州事情等につき講演、寄稿多数。主著に『ヨーロッパのCSRと日本のCSR——何が違い、何を学ぶのか。』、日科技連出版社、2005年。
現在、経済産業省勤務、独立行政法人経済産業研究所コンサルティングフェロー兼務。
weeeros@hotmail.com
執筆担当：まえがき、第2章（2.1）、第6章、第7章（7.3、7.4）
編集主担当：第1章、第6章、第7章

海野みづえ（うんの　みづえ）
株式会社創コンサルティング　代表取締役
1983年千葉大学卒業、85年同大学院修了後、中央クーパース、ローランド・ベルガー社で経営コンサルティング業務に従事の後、1996年㈱創コンサルティングを設立。
現在は日本企業のグローバル経営に視点を置き、独自の分析眼で環境・CSR分野での経営のあり方を提言。さらに実践に落とし込む各種の経営ツールを開発し、企業活動の実務をサポートしている。
東京大学大学院　新領域創成科学研究科、法政大学大学院　環境マネジメント研究科非常勤講師。主な著書に『CSR経営』、中央経済社、2004年（共著）など。
http://www.sotech.co.jp
執筆担当：第1章（1.6）、第2章（2.2.1、2.3.2）、第3章（3.3）、第4章（4.2）、第7章（7.1、7.2）、あとがき
編集主担当：第2章、第3章、第4章、第5章、

グローバルCSR調達
――サプライチェーンマネジメントと企業の社会的責任

2006年10月20日　第1刷発行

編著者　藤井敏彦　海野みづえ
発行人　谷口弘芳
発行所　株式会社日科技連出版社
　　　　〒151-0051　東京都渋谷区千駄ヶ谷5-4-2
　　　　電話　出版 03-5379-1244　営業 03-5379-1238～9
　　　　振替口座　東京 00170-1-7309
　　　　URL　http://www.juse-p.co.jp/

印刷・製本　河北印刷株式会社

© Toshihiko Fujii, Mizue Unno et al. 2006
Printed in Japan
本書の全部または一部を無断で複写複製(コピー)することは、
著作権法上での例外を除き、禁じられています。
ISBN4-8171-9197-X